당신의 인스타는 안녕한가요

원하는 모습 ——— **으로**
원하는 곳 ——— **에서**
원하는 일 ——— **을 합니다**

앤디파파
정진호

엘플랑
남양화

당신의
인스타는
안녕
한가요

하얀쿡
정하얀

백곰삼촌
김성수

학선배
김학배

나만의 가치를 브랜딩하는 인플루언서 5인의
인스타 성장과 수익화 노하우

애플씨드
APPLE SEED

세상에는 기술이나 방법을 잘 아는 사람은 많습니다. 하지만 나만의 가치를 이야기하는 사람은 많지 않습니다. 차별화된 나만의 가치는 스스로 선택한 삶을 살아가는 사람만이 경험할 수 있기 때문입니다.

인스타그램은 어떤 사람에게는 기록이 쌓이는 공간이기도 하지만, 어떤 사람에게는 기록이 흘러가 버리는 공간이기도 합니다. 따라서 시간이 갈수록 기록이 차곡차곡 쌓이는 인스타그램이 되려면, 때로는 다음과 같은 두 가지 질문도 필요합니다.

첫째, '나는 인스타그램에 무엇을 기록할 것인가?'

저는 앤디파파로 처음 저 자신을 인스타그램에 소개하면서, '아내를 위한 삶'의 모습을 꾸준히 기록했습니다. 그리고 함께 이 책을 공저하신 네 분의 저자분들 역시 자신만의 특별한 가치와 삶의 모습을 기록하며 퍼스널브랜드로 성장했습니다. 서로 삶에서 추구하는 가치와 모습은 다르지만, 우리가 인스타그램에 기록해야 할 것은 하나입니다. 자신이 추구하는 가치를 부단히 실천하며 성장하는 모습입니다.

둘째, '나는 지속할 수 있는가?'

'지속성(꾸준함)'은 제가 인스타그램을 운영할 때 가장 중요하게 생각하는 점입니다. 지속성(꾸준함)은 시간이 가면서 기록이 쌓이고, 쌓인 기록을 보면서 사람들이 차별성을 느끼게 하는 힘입니다. 아무리 좋은 것이라도 지속해서 기록하지 않으면 차별화가 되기 어렵습니다. 인스타그램에서 차별성을 만들고 싶다면 자신의 가치와 전문성을 지속해서(꾸준히) 실천하고 기록해야 합니다.

집을 그릴 때 우리는 대부분 지붕부터 그립니다. 하지만 집을 지을 때는 지붕이 아니라 바닥부터 단단히 다지고 한층 한층 쌓아 올라갑니다. 인스타그램을 성장시키는 것도 마찬가지입니다. 인스타그램에 퍼스널브랜드라는 집을 짓는 것은 나만의 가치로 바닥을 단단히 다지고 거기에 나만의 집을 쌓아 올리는 것입니다. 이렇게 해야만 단단한 퍼스널브랜드로 성장할 수 있습니다.

이번 책에서는 자극적인 이야기로 변해가는 인스타그램에

서 나만의 이야기로 꿋꿋하게 자신의 퍼스널브랜드라는 집을 짓는 다섯 사람의 이야기를 담았습니다.

- 아내를 위한 삶을 살아가며 브랜딩 디렉터로 성장한 앤디파파
- 암 극복 경험을 통해 깨달은 건강 정보와 건강한 다이어트 방법을 공유하고 이를 토대로 다양한 수익화를 성공시킨 엘플랑
- 온•오프라인의 시너지를 통해서 제로에서 시작하여 우리나라 최초의 플레이모빌 브랜드 엠버서더가 된 백곰삼촌
- 건강하고 맛있는 유아식을 쉽고 간편하게 만드는 레시피를 개발하여 공유하고, 직접 자신의 제품을 만들어 수익을 만들고 있는 하얀쿡
- 인스타그램을 통해서 돈이 아닌 기회와 더 큰 가능성을 발견하고 있는 20대 초반의 북스타그래머 학선배

서로 다른 이유와 계기로 인스타그램을 시작했고 계정의 성장 과정도 다르지만, 한 가지 공통점이 있습니다. 자신의

가치와 전문성을 토대로 지속해서(꾸준히) 인스타그램에 기록을 쌓은 결과 현재 원하는 모습으로, 원하는 곳에서, 원하는 일을 하고 있다는 점입니다. 이러한 다섯 사람의 이야기가 인스타그램을 성장시키기 위해 열심히 고민하고 노력하는 여러분에게 작은 길잡이가 되었으면 좋겠습니다.

원하는 모습으로 원하는 곳에서 원하는 일을 할 수 있기를 진심으로 응원합니다.

2024년 3월 29일

저자 대표 정진호

차례

시작하며   4

인스타그램을 지속하게 하는 힘

01 인스타그램 시작 한 달 만에 밀려온 현타   14

02 인스타그램을 지속하게 하는 힘   17

03 릴스 영상 콘텐츠의 차별화 전략   23

04 효율적인 인스타그램 운영 전략   36

05 앤디파파의 수익화 전략   46

마지막 당부 퍼스널브랜딩은 마라톤처럼   56

인스타그램 성장 전략과 다양한 수익 만들기

01 인생의 변곡점에서 시작한 인스타그램   60

02 수익을 만드는 인스타그램 계정 만들기   63

03 계정을 성장시키는 인스타그램 운영 전략 77

04 반응이 높은 게시물 만들기 89

05 엘플랑의 다양한 수익 모델 96

마지막 당부 노력하는 과정이 쌓여 나만의 이야기가 만들어집니다 108

인스타그램과 오프라인의 시너지 만들기

01 장난감으로 무작정 시작한 인스타그램 112

02 콘텐츠 차별화를 위한 브랜드 이름과 슬로건 118

03 백곰삼촌의 인스타그램 운영 전략 123

04 백곰삼촌의 인스타그램 마케팅 전략 135

05 백곰삼촌의 수익화 원칙과 수익모델 143

마지막 당부 겨울에 깨어나는 윈터 베어가 되지 않기 위해 154

넷째
마당

하얀쿡

인스타그램 공동구매로 수익 만들기

01 나와 아이를 위한 작은 도전으로 시작한 인스타그램   158

02 인태기 극복 전략, 새로운 시도   163

03 생동감 넘치는 콘텐츠 기획 전략   169

04 하얀쿡의 수익 모델 (1) 공동구매   180

05 하얀쿡의 수익 모델 (2) 직접 개발한 제품 판매   190

06 하얀쿡의 인스타그램 수익화의 3가지 핵심 요소   195

마지막 당부 나만의 콘텐츠로 인스타그램이라는 바다에 돛을 올려보세요 200

다섯째 마당 학선배

20대, 인스타그램으로 돈이 아닌 기회를 발견하기

01 입대하면서 시작한 인스타그램　　　　　　　　　　　204

02 '나'를 움직이게 하는 것, 브랜드 이름, 슬로건, 북클럽　　211

03 계정을 성장시키는 콘텐츠 기획 전략　　　　　　　　223

04 20대의 인스타그램, 돈보다는 기회와 가능성 찾기　　　243

마지막 당부 새로움에 도전하는 용기를 응원합니다　　　249

인스타그램을 지속하게 하는 힘

앤디파파

앤디파파는 육아 대디 콘셉트로 인스타그램을 시작했습니다. 4년 동안의 인스타그램 운영과 성장 경험을 토대로 〈인스타그램 퍼스널브랜딩〉 책을 출간했고, 두 번째 인생 목표인 앤디파파만의 가치를 담은 지식 콘텐츠 비즈니스에 도전하고 있습니다.

01

인스타그램 시작 한 달 만에
밀려온 현타

신혼여행을 마치고 처음 출근한 날에 생긴 일입니다. 회사의 분위기가 이전과는 사뭇 달랐습니다. 끼리끼리 모여 얘기를 나누는 직원들의 심각한 표정, 어수선하고 긴장된 분위기…. 뭔가 예사롭지 않다는 불길한 예감이 들었습니다. 곧바로 대표님으로부터 호출을 받았습니다.

"정 매니저, 정말 미안한데 갑자기 회사에 사정이 생겨서 힘든 결정을 했습니다. 잘 들어보고 현명하게 판단해 주기를 부탁합니다."

대표님과의 면담 과정에서 저에게는 청천벽력과도 같은 두 가지 선택지가 주어졌습니다. 연봉 절반을 삭감하고 회사에 남을 것인지, 아니면 회사를 떠날 것인지.

순간 두려움과 걱정으로 머리가 하얘지기 시작했습니다. 저를 믿고 결혼한 아내와 곧 태어날 아기의 모습이 눈앞에 어른거렸습니다. 하지만 저에게는 다른 선택지가 없었기 때문에 일주일을 고민한 끝에 결국 퇴사를 선택했습니다. 회사에서 짐을 챙겨 전철을 타고 집으로 돌아오는 길에 수많은 인파 속에서 하염없이 눈물이 쏟아졌습니다. 그때 마음속으로 굳게 다짐했습니다.

'다시는 타인에게 내 운명을 맡기면서 살지 않겠다! 내가 아닌 다른 사람의 선택에 좌우되어 나와 가족의 소중한 삶이 흔들리는 상황을 만들지 않겠다! 어떤 일이 있더라도 스스로 내 운명을 주도하는 삶을 살겠다…!'

이렇게 회사를 떠난 후, 저만의 길을 찾기 위한 고민과 노력을 시작했습니다. 그동안 회사에서 담당한 SNS 브랜딩과 마케팅 경험을 바탕으로 저만의 성공 방정식을 만들어보고 싶었습니다. 그때 처음 눈에 들어온 것이 바로 퍼스널브랜딩이었고, 인스타그램으로 시작하는 것이 가장 적합할 것이라 판단했습니다. 그런데 막상 인스타그램을 시작하고 보니, 무엇을 어떻게 해야 할지 막막했습니다. 브랜드 콘셉트와 브랜딩을 담당하는 전문 인력이 모두 갖춰져 있는 회사에서 일하는 것과 아무런 지원이 없이 오로지 혼자서 모든 것을 고민하고 실행하는 것은 전혀 다른 문제였습니다.

일단 절박한 심정으로 '11월의 앤디'라는 이름으로 동기 부여 콘텐츠를 만들어 인스타그램에 포스팅했습니다. 앤디 (Andy)는 제 영어 이름이고, 11월은 제가 태어난 달이어서 저만의 정체성을 잘 담아낼 수 있는 네이밍이라고 생각했습니다. 이 이름으로 몇 개월 동안 1일 1콘텐츠를 만들어 '안녕하세요! 11월의 앤디입니다'라는 영상 콘텐츠를 포스팅했습니다. 아침 출근길 밝은 모습으로 따뜻한 메시지를 전하는 내용이었습니다. 이렇게 하면 팔로워가 금방 늘어나고 새로운 수익 사업도 시작할 수 있다는 기대에 부풀었습니다. 하지만 이 시도는 오래가지 못했습니다.

매일 똑같은 형식의 콘텐츠를 만들어 올린다는 건 쉽지 않았습니다. 아무리 머리를 쥐어짜도 더는 새로운 콘텐츠와 메시지를 생각해 낼 수 없었습니다. 심리적 압박은 더욱 커져만 갔습니다. 급한 마음에 그저 그런 비슷한 내용의 콘텐츠를 포스팅하니, 사람들의 반응도 차츰 시들어 가면서, 현타가 밀려왔습니다. 이것은 제가 꿈꾸던 퍼스널브랜딩의 모습이 아니었습니다. 뭐가 문제였을까요?

02

인스타그램을
지속하게 하는 힘

자기만의 가치

인스타그램을 시작하는 사람들은 대부분 다른 사람과 차별점이 무엇인지, 어떤 다른 모습을 공유해야 사람들이 좋아할지를 고민합니다. 하지만 이렇게 차별화에만 집중하다 보면, 정작 지속성을 놓치는 때가 많습니다. '11월의 앤디'도 마찬가지였습니다. 차별성은 있었지만, 지속할 수가 없었습니다.

인스타그램을 지속하는 힘은 '자신이 추구하는 가치'에서 나온다고 생각합니다. 제가 '11월의 앤디'의 실패를 딛고 '앤디파파'로 거듭날 때, 가장 먼저 고민한 것은 인스타그램으로 함께 공유하고 싶은 저의 가치가 무엇인지였습니다. 일상에서 제가 즐겁고 행복한 순간을 꾸준히 기록하고 고민하는 과정을 겪으면서, 저에게 가장 소중한 가치는 '아내를 위한 삶'이라는 것을 깨달았습니다. 이 가치는 육아대디 계정인 '앤디파파'의 차별성이자 지속성의 동력이 되었습니다.

브랜드가 지향하는 가치나 신념보다 화려한 마케팅 기법과 기술을 앞세우는 회사는 마케팅 경쟁에서 밀리면, 시장에서 다른 브랜드로 쉽게 대체되어 존재감이 사라지고 맙니다. 마찬가지로 단순한 전문성이나 콘텐츠 홍보 기술만으로 인스타그램을 하다 보면, 비슷한 콘셉트의 계정이 등장하는 순간 사람들의 기억 속에서 금방 잊혀 버리고 맙니다. 따라서 인스타그램을 시작할 때 자신만의 가치가 무엇인지를 찾고 이것을 차별화 하기 위해 노력해야 합니다. 다른 사람이 쉽게 모방할 수 없는 자신만의 가치야말로 인스타그램을 지속하게 하는 진정한 원동력입니다.

단기·중기·장기 목표

인스타그램은 단거리 달리기가 아니라 마라톤과 같습니다. 처음 씨를 뿌리고 싹이 돋아 줄기가 나고 경제적 자유라는 꽃이 피기까지는 상당한 시간이 걸립니다. 그렇게 때문에 인스타그램을 지속하려면, 자신의 성장 목표를 단기-중기-장기 목표로 세워 단계적으로 실행할 필요가 있습니다. 저는

'앤디파파'로 인스타그램을 시작하면서 다음과 같이 3단계 목표를 세웠습니다.

① 단기 목표 (퍼스널브랜딩 1.0)
앤디파파만의 가치와 콘셉트로 공감을 얻으며 인스타그램 계정을 성장시키기

② 중기 목표 (퍼스널브랜딩 2.0)
인스타그램을 벗어나 퍼스널브랜딩 전문성을 바탕으로 안정된 수익 구조의 기반을 다지기

③ 장기 목표 (퍼스널브랜딩 3.0)
퍼스널브랜딩에 관한 전문성을 확대하여 탄탄한 수익 구조를 만들고, 가족과 더 많은 시간을 보내며 행복하게 살 수 있는 경제적 자유를 완성하기

2020년에 앤디파파로 인스타그램을 처음 시작한 이후 2030년에 장기 목표를 달성하기 위해 열심히 노력하고 있습니다. 2023년에 <인스타그램 퍼스널브랜딩> 책 출간을 계기로 앤디파파의 인스타그램 계정의 콘셉트를 '아내를 위한 삶'

에서 '브랜딩 작가의 아내를 위한 삶'으로 전환했습니다. 나아가 중기 목표를 달성하기 위해 가치 지향적이었던 콘셉트에 전문성을 추가했습니다. 인스타그램을 시작한 지 5년 차에 접어들면서 이제 단기 목표에서 중기 목표를 향해 나아가고 있습니다.

검색을 잘 당하는 인스타그램 해시태그 사용법

해시태그 운영 전략을 한 마디로 표현하면 '발견되기 위한 키워드 삽입하기'입니다. 실제 저는 #퍼실리테이터 #퍼스널브랜딩강의 #퍼스널브랜딩강연 #출간기획자 와 같이 특정 키워드를 꾸준히 노출하며, 기관이나 기업의 담당자가 '앤디파파'를 찾아낼 가능성을 높일 수 있었습니다.

카테고리 해시태그

인스타그램 알고리즘에 계정의 주제를 알려주고 팔로워에게는 계정의 주제를 전달하는 해시태그

예) #음식스타그램, #육아스타그램, #뷰스타그램, #뷰티, #패션, #패션스타그램, #여행스타그램, #헬스타그램, #요가스타그램, #책스타그램

커뮤니티 해시태그

공통 관심사를 가진 사람에게 응원과 의지를 공유함으로써 공감을 높여 커뮤니티의 결속을 높이는 해시태그

예) #자기계발 #미라클모닝 #취준생

브랜딩 해시태그

내 계정이 추구하는 가치를 효과적으로 전달하기 위해 사용하는 해시태그

예) #아내를위한삶, #느리더라도정도를걸어갑니다, #행복한장난감가게아저씨

검색 해시태그

인스타그램에서 사람들이 내가 올린 콘텐츠를 발견할 가능성을 높여주는 역할을 하는 해시태그로 정보성 콘텐츠를 만들 때 매우 중요한 해시태그

예) #육아급여 #제주도편안한민박 #슬림한피트청바지 #리틀리강의

릴스 영상 콘텐츠의
차별화 전략

콘텐츠의 4가지 유형

인스타그램 계정을 성장시키기 위해 알아야 할 4가지 콘텐츠 유형이 있습니다.

① 루틴콘텐츠

루틴콘텐츠는 자신이 지향하는 가치를 담아 1주일에 4개 이상 꾸준히 만들 수 있는 일상의 콘텐츠로 계정의 콘셉트를 인식시키는 가장 기본적인 콘텐츠입니다.

② 참여형 콘텐츠

참여형 콘텐츠는 목적 의식적으로 팔로워의 공감과 참여를 끌어내기 위한 콘텐츠입니다. 팔로워의 참여와 댓글로 계정에 활력을 불어넣는 역할을 합니다.

③ 정보성 콘텐츠

정보성 콘텐츠는 팔로워에게 필요한 정보를 제공함으로써 인스타그램 계정의 필요성을 인식하게 하는 것입니다. 루틴 콘텐츠가 일상의 스토리와 메시지에 집중하고 참여형 콘텐츠가 소통에 집중한다면, 정보성 콘텐츠는 철저하게 사람들이 알고 싶은 것을 공유합니다.

④ 오리지널 콘텐츠

오리지널 콘텐츠는 인스타그램 계정의 콘셉트와 메시지를 가장 잘 응축해서 시리즈로 기획하는 콘텐츠입니다. 오리지널 콘텐츠는 짧은 영상이나 이미지로 브랜드의 핵심 가치를 일관되고 진정성 있게 전달하면서도 공감과 반응을 유도할 수 있어야 하기에 크리에이터 능력이 어느 정도 필요합니다.

인스타그램에서 위 4가지 콘텐츠는 모두 필요하고 중요합니다. 다만 어떤 콘텐츠에 좀 더 집중해야 할지는 계정의 콘셉트뿐 아니라 성장 단계와 활동 목표에 따라 달라집니다. 저는 '앤디파파_아내를 위한 삶'으로 인스타그램을 처음 시작할 때는 루틴콘텐츠와 오리지널 콘텐츠에 집중했습니다. 이유는 앤디파파의 정체성을 분명히 세우는 것이 장기적으로 중요하다고 생각했기 때문입니다.

앞서 말했듯 계정의 콘셉트를 '브랜딩 작가의 아내를 위한 삶'으로 변경한 이후에는, 정보성 콘텐츠에 좀 더 집중하고 있습니다. 계정의 성장을 좀 더 가속화하고 이를 토대로 수익화의 기반을 다지기 위함입니다. 계정의 콘셉트가 바뀌면서 포스팅하는 콘텐츠도 계정의 특성에 맞추어 루틴콘텐츠보다는 브랜딩 작가의 전문성과 노하우 중심의 정보성 콘텐츠로 전환했습니다.

릴스 영상 콘텐츠의 타깃 설정

릴스 영상 콘텐츠를 만들기 전에 미리 타깃의 유형과 특성을 알 수 있다면, 브랜딩과 마케팅 효과를 높일 수 있습니다. 저는 릴스 영상 콘텐츠를 소비할 타깃을 정할 때, 성별, 나이, 직업 등과 같은 인구 통계학적 데이터가 아니라, 사람들의 '감정'이나 '결핍'을 기준으로 타깃을 분류했습니다. 그리고 블로그나 유튜브, 강의 플랫폼, 크몽과 같은 SNS 채널에서 사람들이 남긴 흔적을 찾았습니다. 이 채널을 통해서 주로 퍼스널브

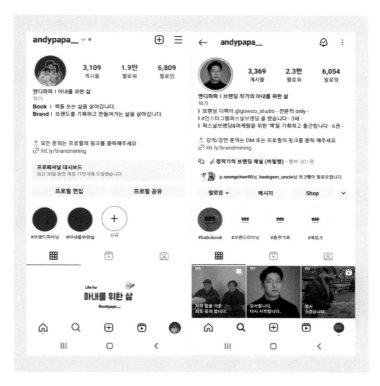

앤디파파 콘셉트의 변화

랜딩과 인스타그램 계정 성장과 관련하여 어떤 콘텐츠가 조회 수가 높은지를 확인하고, 콘텐츠를 소비한 사람들이 남긴 댓글을 하나하나 확인하여 '감정'과 '결핍'을 기준으로 타깃을 다음과 같이 6가지 유형으로 분류했습니다.

① 비기너 캐릭터

- 약 500명 정도의 팔로워가 있는, 인스타그램을 이제 막 시작한 인스타그래머
- 자신감이 넘치고 자신의 힘으로 계정을 빠르게 키우고 싶어 함
- 상당히 긴 시간 동안 벤치마킹 계정을 찾아보고 장점을 취합해 자신에게 적용하면서 계정을 성장시키기 위해 노력하고 있음
- 앤디파파만의 브랜드 콘셉트와 정보성 콘텐츠가 도움이 된다면, 앤디파파 계정에 많은 관심을 보일 것으로 예상함

② 절박한 캐릭터

- 인스타그램으로 기회를 만들지 않으면 안 되는 절박한 인스타그래머
- 계정을 성장시키기 위해 인스타그램에 많은 에너지를 쏟고 있음
- 단순한 기술이나 지식뿐 아니라 감정적인 지원, 곧 격려와 지지를 통해서 '나도 할 수 있다'라는 자신감을 전달하는 동기 부여 콘텐츠에 반응할 가능성이 클 것으로 예상함

③ 슬로우 그로우 캐릭터

■ 상대적으로 시간적 여유가 있는 인스타그래머

■ 단기적인 수익이나 계정 성장보다는 장기적 성장 방향과 전략을 고민하고 있음

■ 단순 기술적 노하우보다는 단계적 성장 경험과 인사이트를 얻기 위해 앤디파파 계정을 팔로잉할 가능성이 커 보임

④ 티치 미 캐릭터

■ 열정은 있지만, 구체적인 방법을 모르기 때문에 자신을 이끌어줄 멘토를 찾는 인스타그래머

■ 온•오프 강의를 가장 많이 수강하는 인스타그래머

■ 의지할 수 있는 멘토를 찾고 싶은 바람이 있어 북 토크나 강의, 강연, 코칭으로 영역을 확장할 때 가장 먼저 고객이 될 가능성이 클 것으로 예상함

■ 앤디파파가 지속해서 성장하고 발전하는 모습을 포스팅한다면, 이들 또한 새로운 팔로워가 될 가능성이 큼

⑤ 비즈니스 캐릭터

■ 자신이 관심이 있는 주제만 팔로잉하는 1인 사업자나 스몰 기업 대표

- 인스타그램 계정을 성장시켜 사업체나 브랜드를 적극적으로 홍보하여 매출을 증가시키기 위해 노력하고 있음
- 명확한 목표가 있고 콘텐츠 소재는 많지만, 바쁜 일상으로 인스타그램을 제대로 운영하고 있지 못함
- 브랜딩과 마케팅에 효과가 높은 콘텐츠를 공유한다면 새롭게 팔로워가 될 수 있고, 향후 비즈니스 지식 콘텐츠의 1차 고객이 될 것으로 예상함

⑥ 뉴 버드 캐릭터
- 항상 새로운 것을 찾아다니는 인스타그래머
- 부단히 새로운 기술을 찾고 배워야 한다는 불안감을 느끼고 있음
- 떡상 릴스 만드는 법과 같은 새로운 스킬을 열심히 찾아다니지만, 자신만의 가치와 콘셉트는 부족함
- 퍼스널브랜드가 추구하는 가치나 콘셉트, 목표가 왜 중요한지를 알려주는 콘텐츠보다 릴스 편집 기술과 같은 스킬풀한 콘텐츠에 반응할 가능성이 큼

이렇게 정리했더니 6개 유형의 타깃에 공통된 감정과 결핍이 '절박함'과 '불안감을 채우려는 학습 욕구'로 확인됐습니

다. 이 결과를 토대로 릴스 영상 콘텐츠의 기획 원칙과 콘텐츠 타깃팅 전략을 다음과 같이 정리했습니다.

릴스 영상 콘텐츠 기획 원칙

- 인스타그램 계정의 성장전략에 관한 정보성 콘텐츠
- 객관성과 전문성을 바탕으로 신뢰할 수 있는 콘텐츠
- 사람들을 조바심 나게 하거나 불안감을 느끼게 하는 기술 중심으로 과포장된 콘텐츠를 포스팅하지 않음

릴스 영상 콘텐츠 타깃팅 전략

- 콘텐츠의 타깃 : 인스타그램을 통해 퍼스널브랜드로 성장하려는 사람들
- 콘텐츠의 목적 : 앤디파파 계정에 퍼스널브랜딩과 계정 성장에 관심이 높은 새로운 팔로워 유입
- 콘텐츠를 기획할 때 주의할 점 : 사람들의 불안감을 이용하여 조회 수를 올리는 콘텐츠 기획을 삼갈 것

릴스 영상 콘텐츠의 3가지 차별화 요소

릴스 영상 콘텐츠를 만들 때, 우리는 보통 스토리와 텍스트, 시각과 청각 세 가지를 차별화의 중요한 요소로 생각합니다.

하지만 저는 앤디파파 계정이 사람들에게 어떻게 인식되는 지도 함께 고민할 필요가 있다고 생각했습니다. 그래서 저는 스토리와 텍스트, 시각, 청각을 제 나름대로 세 가지 차원의 콘텐츠 차별화 요소로 재구성했습니다.

① 1차원 콘텐츠 차별화 요소: 시각과 청각을 통한 가장 확실한 차별화 요소로 누구나 쉽게 사용할 수 있습니다.

② 2차원 콘텐츠 차별화 요소: 자기 생각을 글을 통해서 차별화하는 것입니다. 자신이 삼각형처럼 뾰족한 사람인지 원처럼 둥글둥글한 사람인지를 잘 전달할 수 있는 차별화 요소입니다.

③ 3차원 콘텐츠 차별화: 감정과 공감을 통한 차별화로 눈에 보이지는 않지만, 사람과 콘텐츠에 대한 매력과 몰입감을 만드는 가장 강력한 차별화된 요소입니다.

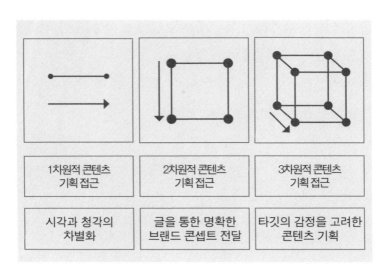

1차원, 2차원, 3차원 콘텐츠 차별화 요소

3차원의 차별화된 릴스 영상 만들기

릴스 영상 콘텐츠는 무엇보다도 시각과 청각으로 차별화를 느낄 수 있도록 '비주얼 세팅'과 적극적인 '보이스 딜리버리'에 신경을 써야 합니다. 시각뿐만 아니라 청각을 통해 팔로워가 '나'라는 유니크한 브랜드를 인식하게 하기 위해서입니다. 그렇게 하려면 시각에만 의존하는 기획에서 벗어나 다양한 감각을 이용하여 나라는 존재를 인식하고 기억할 수 있도록 해야 합니다.

전달력보다는 심리적 안정감을 고려하여 기획한 릴스 화면 구성의 변화

① 배경색과 자막부터 결정하기

정보성 릴스 영상에서 시각적으로 중요한 것은 자막입니다. 자막은 소리를 들을 수 없는 상황에서도 정보를 전달하는 역할을 하므로, 자막을 효과적으로 잘 사용하면 내 콘텐츠가 소비될 가능성이 더 커집니다.

② 의상은 배경색과 어울리게 선택하기

시간과 에너지를 줄이기 위해 유사한 스타일의 의상을 여러 벌 준비해 언제든지 같은 콘셉트로 릴스 영상을 촬영할 수 있도록 준비해 두는 것이 좋습니다.

③ 화면 구성도 미리 결정해야 합니다. 저는 '시각적 긴장감'과 '화면 구성을 통해 전달될 수 있는 불안감'을 최소화하기 위해 안정적인 카메라 구조를 선택합니다. 타깃 조사에서 나온 결과를 화면 구성 기획에 적극적으로 반영하기 위해서입니다.

④ 목소리도 자신의 아이덴티티를 보여주는 중요한 요소입니다. 저는 배경 음악을 의도적으로 제거해 제 목소리가 잘 들리도록 합니다.

⑤ 릴스 영상의 캡션 글은 영상으로 전달할 수 없는 차별성을 자신만의 화법으로 드러내는 효과적인 수단입니다. 따라서 캡션의 글을 쓸 때는 논리적인 것도 중요하지만, 사람들이 아이덴티티를 느낄 수 있도록 자신만의 루틴과 화법을 사용하는 것이 좋습니다. 예를 들어 저는 캡션의 글을 쓸 때 항상

'제가 생각하는 퍼스널브랜딩은 이런 것입니다'라는 표현으로 시작하곤 합니다.

04

효율적인
인스타그램 운영 전략

'월 콘텐츠 관리표'와 '월 콘텐츠 계획표'

　인스타그램 계정을 운영할 때, 포스팅하는 콘텐츠의 유형
별 비중을 적절하게 잘 관리해야 합니다. 계정의 성장 속도에
따라 콘텐츠를 적절하게 관리하지 않으면, 계정의 정체성이
흔들리게 됩니다. 나아가 일정 계획을 세워 콘텐츠를 포스팅
하지 않으면, 콘텐츠 게시 주기가 불규칙하여 계정의 안정성
을 유지하는데 어려움이 생깁니다. '콘텐츠 관리표'와 '월 콘
텐츠 계획표'는 이런 두 가지 문제를 해결할 수 있는 유용한
관리 툴입니다

월 콘텐츠 관리표

'월 콘텐츠 관리표'는 정기적으로 게시할 콘텐츠를 미리 파악하면서 서로 다른 유형의 콘텐츠가 계정의 콘셉트와 잘 부합하는지 확인하고 관리하는 툴입니다.

'월 콘텐츠 관리표'의 항목과 작성법을 간단히 소개하면 다음과 같습니다.

- 브랜드 미션 : 퍼스널브랜딩 활동을 통해서 공유하고 싶은 모습과 메시지
- 콘텐츠의 콘셉트 & 주제 & 키워드 : 콘텐츠의 주요 키워드, 슬로건, 카테고리
- 콘텐츠 형식 : 만들어야 할 콘텐츠 형식 (이미지, 카드 뉴스, 릴스)

'월 콘텐츠 관리표'에 미리 게시할 콘텐츠를 정리하면, 콘셉트의 통일성과 일관성을 확인할 수 있을 뿐 아니라, 콘텐츠를 만들 때 들어가는 시간과 에너지도 가늠할 수 있습니다.

앤디파파

브랜드 미션	성장하고 발전하는 '앤디파파'의 모습을 통해 개인의 전문성을 전달			
브랜드 컨셉&주제&키워드	아내를 위한 삶 & 가족의 사랑 브랜딩 기획자 & 성장, 기회나눔			
형식 (acting & time)	성격	주기 (월)	목적	콘텐츠 제작 필요 조건
이미지	루틴 콘텐츠	정기	브랜드 메인 메시지 전달	아이들과 주말 나들이
				아내와 함께하는 모습
				건강한 부부 관계
			연결을 통해 성장&확장	커피챗
릴스	정보성 콘텐츠 (인물)	주 1회	전문성	퍼스널브랜딩 30sec 콘티
	정보성 콘텐츠 (스토리)	주 1회	공감 확장	소재를 미리 기획해, 촬영 편집 시간 확보하기
이미지	참여형 콘텐츠	비정기	도서 홍보	댓글 참여& 서평 이벤트 기획
	정보성 콘텐츠	정기	북토크 홍보	월1회 북토크 홍보
ETc.,	ETc.,	비정기	브랜딩|컨설팅| 강연|강의 노출	수익화 연결 목적 공유 (검색 노출)

앤디파파의 월 콘텐츠 관리표

① 루틴 콘텐츠(일상의 이야기로 작가와의 삶과 가족 이야기), 오리지널 콘텐츠(아내와의 재미있는 모습)

② 참여형 콘텐츠(팔로워들이 함께 소통할 수 있는 콘텐츠)

③ 정보성 콘텐츠(시각적 차별화를 둔 콘텐츠, 전문성을 드러내는 역할)

콘텐츠 관리표로 운영하는 앤디파파의 인스타그램 피드

월 콘텐츠 계획표

'월 콘텐츠 계획표'는 '월 콘텐츠 관리표'의 실행 계획을 구체적인 일정으로 짜는 작업입니다. 이렇게 작성한 '월 콘텐츠 계획표'는 한 달 동안 게시할 콘텐츠의 종류와 성격을 미리 파악하고 관리할 수 있도록 도와줍니다. 한 마디로 '월 콘텐츠 계획표'는 소재가 있을 때는 콘텐츠를 열심히 포스팅하지만, 그렇지 않을 때는 콘텐츠를 포스팅하지 않는 불규칙한 콘텐츠 포스팅 습관을 예방하는 효과적인 툴입니다.

일요일	월요일	화요일	수요일	목요일	금요일	토요일
오리지널 스튜디오	루틴	정보성	오리지널 스튜디오	루틴	정보성	오리지널 스튜디오

월 콘텐츠 계획표

인스타그램 광고 운영 전략

많은 분이 인스타그램 광고를 주로 '공동 구매'나 '오피셜 브랜드'의 마케팅 수단으로만 생각합니다. 그러나 일반 사용자도 인스타그램 광고를 통해 콘텐츠를 효과적으로 노출하고 계정을 빠르게 성장시킬 수 있습니다. 다만 광고를 진행할 때 자신만의 광고 전략이 필요합니다. 예를 들어 저는 다음과 같은 기준으로 광고 진행 여부를 판단합니다.

① 광고 효과는 반드시 데이터로 측정할 수 있어야 한다.

② '정보성 콘텐츠'를 광고한다.

③ '저장'보다는 '공유'가 많은 콘텐츠를 광고한다.

④ 팔로워가 평균보다 더 많이 증가한 콘텐츠를 광고한다.

광고를 할 때는 반드시 적은 비용으로 먼저 테스트 광고를 한 다음에 반응이 좋은 콘텐츠에 광고비를 더 배정합니다. 그리고 광고 효과가 높게 나온 콘텐츠를 분석하여 새로운 콘텐츠를 기획하고 여기에 다시 광고를 추가하는 방식으로 광고를 진행합니다. 이렇게 하면 적은 광고비를 사용하여 기대 이상으로 팔로워 수를 증가시킬 수 있습니다.

이런 제 경험을 토대로 계정을 성장시키는 효과적인 광고 전략을 정리하면 다음과 같습니다.

■ 매력도가 떨어지는 콘텐츠는 광고하지 않는 것이 좋다
■ 루틴콘텐츠는 특별한 이유가 없다면 광고하지 않는 것이 좋다

- 참여형 콘텐츠는 많은 사람의 참여가 필요할 때 제한적으로 광고하는 것이 효과적이다
- 팔로잉을 유도하거나 구매를 유도하기 위한 정보성 콘텐츠는 적극적으로 광고해야 한다
- '공감', '공유', '댓글'이 평균보다 많은 오리지널 콘텐츠는 적극적으로 광고해야 한다

	광고 시도 X	광고 시도 YES
루틴 콘텐츠	콘텐츠 매력도가 낮을 때	광고 X
참여형 콘텐츠		대량 참여 유도(참여형 이벤트)
정보성 콘텐츠		특정 목적을 갖고 있는 때 (팔로잉 유도, 구매 유도 등)
오리지널 콘텐츠		평균보다 공유, 공감, 댓글이 높을 때

콘텐츠 유형에 따른 광고 전략

찐팬과의 소통 창구 – 브로드캐스트 채널

　브로드캐스트 채널은 텍스트와 사진, 비디오, 음성 메모, 설문조사와 같은 다양한 방법으로 팔로워와 좀 더 가깝게 소통할 수 있는 인스타그램 기능입니다. 특히 브로드캐스트 채널은 카페의 공지 기능처럼 강의 클래스와 워크숍 행사를 소개하거나 참가자를 모집할 때 사용하면 무척 유용합니다.

인스타그램 브로드캐스트 채널

저는 주로 브로드캐스트 채널을 이용하여 팔로워에게 참여형 콘텐츠를 전달합니다. 새로 기획하는 정보성 콘텐츠의 완성도와 공감도를 높이기 위해 설문조사를 하거나 북 토크를 공지할 때, 중요한 소통 도구로 브로드캐스트 채널을 활용합니다. 예를 들어 계정 콘셉트를 전환하면서 퍼스널브랜딩과 관련하여 새로운 정보성 콘텐츠를 기획해야 했습니다. 이때 브로드캐스트 채널의 '투표하기' 기능을 이용해 참여형 콘텐츠를 만들어 팔로워와 댓글로 소통하면서 정보성 콘텐츠의 완성도를 높일 수 있었습니다.

브로드캐스트 채널로 진행한 정보성 콘텐츠 설문조사

하지만 브로드캐스트 채널을 운영할 때, 너무 많은 정보를 올리거나 수익과 관련된 이벤트를 자주 공지하면 피로감으로 팔로워가 방송 채널을 떠날 수 있다는 점을 주의해야 합니다. 브로드캐스트 채널을 운영하는 목적이 사람들이 계속 참여하고 머무르고 싶게 해야 한다는 점을 명심해야 합니다.

05

앤디파파의
수익화 전략

사회생활을 하면서 저 자신이 누군가에 의해 언제라도 쉽게 대체될 수 있다는 사실을 알았습니다. 그래서 타인에 의해 쉽게 대체되지 않는 삶을 살기 위해 인스타그램으로 퍼스널브랜딩을 시작했습니다. 이 때 제 퍼스널브랜딩의 첫 번째 목표는 '앤디파파(@andypapa_)' 인스타그램 계정을 성장시켜 이 경험을 토대로 책을 출간하는 것, 두 번째 목표는 책으로 세상에 제 전문성을 알려 이를 바탕으로 지식 콘텐츠 비즈니스에 도전하는 것이었습니다.

인스타그램을 처음 시작할 때부터 이 목표에 집중했습니다. 시행착오를 겪기는 했지만, 열심히 노력한 결과 인스타그램 계정이 성장하고 관련 실전 경험도 쌓이면서 <인스타그램

퍼스널브랜딩> 책을 출간했습니다. 책을 출간한 후에는 다양한 기관에서 강연과 강의 문의뿐 아니라, 새로운 기회가 찾아오기 시작했습니다. 여기까지가 달려오는데 4년이 걸렸고, 이 과정에서 전자책 출판, 공동 구매, 브랜드 협찬, 리서치 협업, 라이브 커머스, 강연과 강의, 브랜드 컨설팅, 도서 기획과 같은 다양한 수익모델을 경험했습니다. 이렇게 4년 동안 다양한 수익모델을 경험하면서 제 나름대로 두 가지의 수익화 원칙도 세울 수 있었습니다.

먼저 수익화 모델이 제가 지향하는 가치나 원칙에 부합하느냐입니다. 아무리 매력적인 수익모델이라 하더라도 제가 추구하는 가치나 원칙에 부합하지 않으면 절대 지속할 수 없기 때문입니다.

두 번째는 현실적인 기준입니다. 3개월 이상 매월 30만 원의 안정적 수익을 만들 수 있느냐입니다. 이 조건을 충족하지 못하면, 제 전문성만으로는 그 수익모델을 유지할 수 없거나 저와는 잘 맞지 않는 수익모델이었습니다.

수익화 전략

제가 추구하는 수익모델은 한 마디로 '지식 콘텐츠 비즈니스'입니다. 곧 앤디파파의 퍼스널브랜딩 활동 과정에서 얻은 경험과 지식을 저만의 지식 콘텐츠로 다듬어 다양한 방식으로 수익화 모델을 만드는 것입니다. 이러한 수익화 모델은 앤디파파라는 퍼스널브랜드를 성장시키는 과정에서 함께 성장하는 제 경험과 지식 수준에 맞추어 세 가지 단계로 설정했습니다.

1단계 : 간접적인 수익을 만드는 단계
'앤디파파_아내를 위한 삶'이라는 인스타그램 활동으로 공동 구매와 브랜드 협찬, 리서치 협업과 같은 간접적인 수익을 만드는 단계

2단계 : 전문성으로 직접적인 수익을 만드는 단계
'앤디파파_작가로서의 삶'이라는 퍼스널브랜드로 인스타그램 활동을 넘어 책, 북 토크, 온•오프라인 강의, 기업 컨설팅처럼 전문적인 지식 콘텐츠로 직접적인 수익을 만드는 단계

3단계 : 전문성을 기반으로 수익모델을 완성하는 단계
앤디파파만의 지식 플랫폼과 네트워크를 통해 다양한 형태의 협업으로 경제적 자유를 위한 수익을 만들고 안정화하는 단계

독자와 함께 하는 앤디파파의 오프라인 북 토크

    저는 지금 수익화의 2단계 토대를 만들기 위해 저만의 퍼스널브랜딩에 관한 경험과 전문 지식을 인스타그램과 블로그, 유튜브와 같은 소셜 미디어를 통해 공유하면서 다양한 분야의 전문가들과 협업 네트워크를 만들어 가고 있습니다.

    퍼스널브랜딩의 안정적인 수익화는 절대 한순간 대박 콘텐츠와 빠른 계정 성장만으로는 완성되지 않습니다. 퍼스널브랜드의 전문성과 계정의 성장에 따라 점진적으로 발전하며 퍼스널브랜드의 콘셉트나 전문성 수준에 따라 여러 단계를 거쳐 만들어진다고 생각합니다.

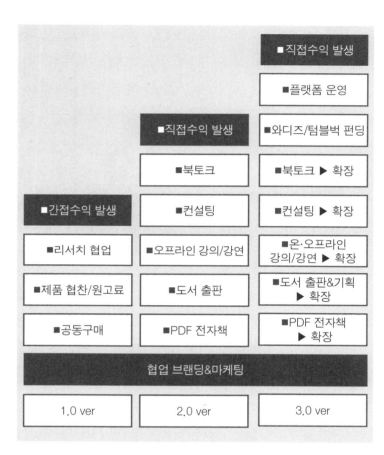

		■직접수익 발생
		■플랫폼 운영
	■직접수익 발생	■와디즈/텀블벅 펀딩
	■북토크	■북토크 ▶ 확장
■간접수익 발생	■컨설팅	■컨설팅 ▶ 확장
■리서치 협업	■오프라인 강의/강연	■온·오프라인 강의/강연 ▶ 확장
■제품 협찬/원고료	■도서 출판	■도서 출판&기획 ▶ 확장
■공동구매	■PDF 전자책	■PDF 전자책 ▶ 확장
협업 브랜딩&마케팅		
1.0 ver	2.0 ver	3.0 ver

앤디파파의 10년 브랜딩 계획(수익모델 3단계)

오프라인 수익화 구조

저는 현재 온라인보다 오프라인 중심의 수익모델을 만드는 데 주력하고 있습니다. 온라인 활동도 물론 중요하지만, 오프라인에서 네트워킹을 만들고 소통하는 것이 장기적으로 제 전문성을 발전시키는 데 도움이 되고 이를 토대로 수익모델을 만드는 것이 효과적이기 때문입니다. 이러한 고민을 반영한 대표적인 세 가지 오프라인 수익모델을 소개하면 다음과 같습니다.

① B2C 모델

저는 매월 오프라인 서점과 콜라보로 북 토크를 진행하고 있습니다. 유료로 진행하는 이 북 토크를 통해서 퍼스널브랜딩에 대한 제 생각과 관점을 직접 독자들과 공유하고 토론하면서 저도 함께 성장하고 있습니다.

② 명함 만들기 프로그램

퍼스널브랜딩 개념을 기업의 요구에 맞추어 새롭게 설계한 수익모델입니다. 이 프로그램은 기업의 신입사원이나 승진자가 스스로 자신의 강점이나 소중히 여기는 가치, 그리고 자신을 성장시키기 위한 동기를 찾아내고 이를 토대로 독특하고 차별화된 자신만의 명함을 만들도록 도와주는 기업 워크숍 프로그램입니다.

③ 퍼스널브랜딩 컨설팅

변호사나 의사와 같은 전문직을 대상으로 브랜딩과 마케팅을 컨설팅하는 하는 수익모델입니다. <인스타그램 퍼스널브랜딩>을 출간하고 나서 제 북 토크에 참여하신 대표님과 서로 퍼스널브랜딩에 대해 생각하는 가치와 방향성이 일치하여 함께 회사를 설립하여 운영하고 있습니다.

최근에 퍼스널브랜딩이 대중화하면서, 단기간에 빠르게 성과를 만들어 내려고 하는 사람이 늘어나고 있습니다. 그러다 보니 마치 현재 운영하는 채널의 성장만을 중요한 성공 지표로 여기는 것 같습니다. 그러나 퍼스널브랜딩의 수익모델은 한 개의 채널로 완성되는 것은 아닙니다. 오히려 인스타그램이나 SNS 채널에 의존하지 않고 독립적으로 수익을 만들 수 있는 활동이 가능할 때, 비로소 수익모델은 완성된다고 생각합니다. 따라서 탄탄한 수익모델을 만들기 위해서는 자신만의 차별화된 가치를 토대로 온•오프라인을 동시에 연결하는 네트워킹을 지속해서 구축해야 합니다. 그리고 단기적인 성과보다는 장기적인 수익화 목표를 세우고 단계적으로 실행할 필요가 있습니다.

수익화에 유용한 채널

리틀리 멀티링크 서비스

멀티링크 솔루션을 찾기 위해 아임웹과 카페24뿐 아니라 다양한 서비스를 직접 제작하고 사용하면서 많은 테스트를 한 결과, 현재는 '리틀리'라는 멀티링크 서비스를 가장 만족스럽게 사용하고 있습니다.

리틀리의 4가지 장점을 정리하면 다음과 같습니다.

① 퍼스널브랜드를 위한 퍼스널 홈페이지 기능

프로필 이미지와 다양한 디자인을 통하여, 자신의 정체성을 담은 홈페이지를 만들 수 있다는 것이 큰 장점입니다. 링크연결, 프로필 이미지 넣기, 디자인 기능, 도메인을 무료로 사용하여 SNS에 게시하기, 홈페이지 QR코드 생산과 같은 분석 기능을 통해 사이트에 들어온 사람들과 클릭 수 등도 쉽게 파악할 수 있습니다.

② 퍼스널브랜드를 위한 퍼스널 쇼핑몰 기능

디지털 파일이나 재능•커미션, 실물 제품을 모두 판매할 수 있습니다. PG 수수료를 제외한 수수료가 2~5%로 업계에서

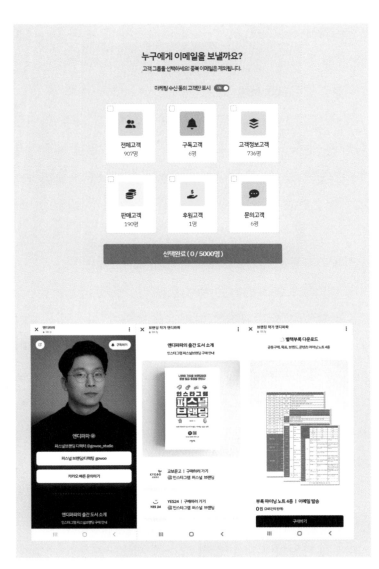

리틀리 멀티링크 서비스

가장 낮습니다. 또한 별도의 PG 연결을 할 필요가 없어서 검수를 하지 않고 바로 판매를 시작할 수 있은 것도 장점입니다. 조만간 VOD 강의 판매 기능도 업데이트가 될 예정입니다.

③ 퍼스널브랜드를 위한 CRM 마케팅 기능

판매 문의•구독•후원 등 다양한 방식으로 고객의 이메일과 전화번호를 수집할 수 있고 수집한 고객 이메일로 바로 이메일을 발송할 수 있습니다. 고객과 관계를 맺기 위해 이메일을 보내는 것은 매우 중요합니다. 저는 리틀리의 이메일 기능을 사용하는데, 평균 오픈율이 30% 정도로 높습니다. 조만간 알림톡 발송 기능도 업데이트할 예정입니다.

네이버 블로그와 카카오 브런치

저는 퍼스널브랜딩의 전문성을 강화하고 확장하기 위해 네이버 블로그와 카카오톡 브런치를 통해 책과 퍼스널브랜딩에 관한 경험과 지식을 공유하고 있습니다. 이 과정에서 제가 쓴 글이 다른 저자의 글에 인용되기도 하면서, 퍼스널브랜딩에 관한 전문성을 인정받고 앤디파파의 인지도가 올라가는 경험을 하고 있습니다. 그뿐만 아니라 이러한 글이 쌓이며 블로그와 브런치를 통해서도 강의 강연 문의가 들어오고 있습니다.

마지막 당부

퍼스널브랜딩은
마라톤처럼

마라톤은 체격이 아닌 체력으로 하는 스포츠입니다. 42.195km를 완주하기 위해서는 강한 정신력과 지구력이 필요합니다. 이런 긴 거리를 달려야 하는 마라토너들은 평상시에도 단거리가 아닌 중거리와 장거리를 달리며, 완주라는 장기적인 목표를 향해 꾸준히 노력합니다. 퍼스널브랜딩도 마찬가지입니다. 자신의 브랜드를 구축하고 확장하기 위해서는 오랜 기간 꾸준히 자신의 전문성을 토대로 콘텐츠를 지속해서 공유하면서 팔로워와 탄탄한 신뢰 관계를 만들어 가야 합니다. 그렇게 하려면 마라토너처럼 어떤 상황에서도 안정된 페이스를 유지할 수 있도록 전문성을 높이기 위해 부단히 노력해야 합니다.

퍼스널브랜딩은 수익화를 위해 일시적인 커리어를 만드는 것이 아니라, 나의 가치와 신념을 끊임없이 확장하고 공유해 나가는 과정이라고 생각합니다. 그렇게 해야 탄탄한 수익화도 가능합니다. 따라서 혹시 누군가 월 1,000만 원을 버는 방법을 알려주겠다고 광고를 한다면, 돈의 액수보다 그 사람의 보이지 않는 노력과 그 자리에 올라가기까지 걸렸던 시간을 들여다볼 수 있는 지혜를 가졌으면 좋겠습니다. '결과가 아닌 과정이 중요하다'라는 말이 무슨 말인지 모르는 사람은 없습니다. 하지만 누군가 이룬 멋진 결과를 내 것으로 만들기 위해 결과 보다는 과정을 깊게 들여다볼 때, 이 말의 진정한 의미를 마음에 새길 수 있습니다. 만약 여러분이 퍼스널브랜딩으로 성공하고 싶다면, 성공한 퍼스널브랜드의 결과나 성과가 아니라 그 사람이 걸어온 과정에 더 많은 관심을 기울이기를 바랍니다.

인스타그램 성장 전략과 다양한 수익 만들기

엘플랑

엘플랑은 자신의 암 극복 경험을 통해서 깨달은 건강 정보와 건강한 다이어트 방법을 공유하고 이를 토대로 다양한 수익을 만들고 있는 인플루언서입니다.

01

인생의 변곡점에서 시작한
인스타그램

10년 전 어느 날 암 진단을 받았습니다. 두 번의 큰 수술을 받고 인생의 마지막 여행을 떠났다가 오히려 삶의 희망을 얻었습니다. 그러고 나서 용기를 내서 암을 극복하기 위해 노력했습니다.

처음 암 진단을 받았을 때는 그저 막막하다는 마음만 들었습니다. 건강만 잃은 것이 아니라 유일한 생계 수단이었던 직장까지 그만둬야 하는 현실을 마주해야만 했기 때문입니다. 회사에 입사하여 20년 간 육아휴직도 없이 열심히 일만 해왔던 터라, 회사를 떠나 지금까지와는 전혀 다른 삶을 맞닥뜨려야 하는 상황이 너무나 큰 두려움으로 다가왔습니다. 다행히 꾸준한 항암 치료와 자가 치료로 건강을 회복하면서, 제2의 인생을 준비하기 위해 퇴사를 했습니다. 그러고 나서 '지금부터는 내가 내 삶의 주인으로 살아가고 싶다'라는 간절한 마음으로 인스타그램을 시작했습니다.

처음 인스타그램을 시작했을 때, 인스타그램에 대한 경험과 지식이 전혀 없어서, 무작정 제 생각을 일기장처럼 인스타그램 피드에 열심히 포스팅했습니다. 이렇게 하면 금방 팔로워가 늘어나고, 제가 인플루언서가 되어 경제적 자유의 길을 갈 수 있다고 생각했습니다. 결과는 제 예상과 전혀 달랐습니다. 게시물에 대한 반응도 시큰둥했고, 팔로워도 늘어나지 않았습니다. 현타가 밀려왔지만, 암을 극복하고 회사를 떠나면서 결심했던 그 간절한 바람을 포기하고 싶지 않았습니다. 무엇이 문제인지를 열심히 고민하고 공부하면서 조금씩 조금씩 앞으로 달려갔습니다. 많은 시행착오를 겪으면서 좌절할 때도 많았지만 포기하지 않고 열심히 노력한 결과, 현재는 6만 팔로워와 함께하는 인플루언서로 성장했습니다

인스타그램이 조금씩 성장하면서 제 이야기에 귀를 기울여 주시는 분들이 생겨나고, 새로운 협업의 기회가 찾아오기 시작했습니다. 이렇게 되자 인스타그램 활동이 자연스럽게 경제적 수익으로 연결됐습니다. 직장인 때 알지 못했던 '나만의 가치와 가능성'을 키우는데 더 큰 힘을 실을 수 있었습니다

가끔 저에게 인스타그램이 어떤 의미인지를 묻는 분이 있습니다. 그때마다 저는 주저 없이 '이전에 없었던 새로운 기회를 만드는 과정일 뿐만 아니라, 안정적이고 튼튼한 경제적 수익원이자, 저의 가치와 가능성을 발전시키고 확대하는 자기계발의 터전입니다'라고 말합니다

한국 나이로 40이 넘은 저는 직업이 한 가지가 아닙니다. 인스타그램과 SNS에 대한 제 경험을 토대로 사업자들을 위한 강의도 하고 있으며, 건강과 다이어트와 관련된 제품을 인스타그램 공동구매를 통해서 수익을 만들고 있습니다. 나아가 제가 직접 만든 브랜드를 론칭해 다양한 플랫폼과 협업을 통해서 수익을 만들고 있습니다.

인스타그램으로 제가 경험하고 공부한 저만의 건강 지식과 방법을 사람들과 열심히 공유한 결과, '건강과 다이어트'로 맺은 팔로워들의 도움을 받아 '엘플랑'이라는 퍼스널브랜드로 성장했습니다. 그래서 제가 꿈꾸던 원하는 모습으로 원하는 곳에서 원하는 일을 하는 삶을 살 수 있게 되었습니다. 인스타그램으로 시작한 다양한 활동이 토대가 되어 원하는 시간에 일하면서 대기업 직장인 못지않은 경제적 수익도 만들며 매일 매일 성취감을 느끼며 살고 있습니다

02

수익을 만드는
인스타그램 계정 만들기

나만의 '주제 찾기'

인스타그램으로 여러분의 이야기를 시작하려면 일단 사람들과 무엇을 공유할지를 정해야 합니다. 곧 인스타그램 계정의 주제가 있어야 합니다. 물론 인스타그램을 자기 만족이나 자기 계발을 위한 일기장처럼 쓸 수도 있습니다. 이때는 굳이 주제를 고민할 필요가 없습니다. 하지만 우리가 인스타그램을 하는 궁극적인 목적은 자기 계발뿐 아니라 경제적 수익을 만들기 위함이기 때문에, 주제에 대한 전략적인 접근이 필요합니다.

인스타그램 계정의 주제는 사업 아이템과 같습니다. 사업을 할 때 아이템이 좋으면 성공할 가능성이 커집니다. 인스타그램 계정의 주제도 마찬가지입니다. 좋은 주제로 시작하면 그만큼 계정의 성장과 수익화에 도움이 됩니다.

저는 가장 좋은 주제는 자기 자신한테서 나온다고 생각합니다. 사업에 실패하는 사례를 분석해보면, 아이템을 정할 때 자신이 잘 알지도 못하고 경험도 부족한 아이템으로 시작하는 분이 많습니다. 당연히 전문성도 떨어지고 시행착오를 많이 겪을 수밖에 없습니다. 인스타그램도 마찬가지입니다. 자신이 잘 알지 못하거나, 경험이 없거나, 지식이 부족한 것을 주제로 잡다 보면, 계정의 전문성과 차별성이 떨어져 지속해서 콘텐츠를 만들 수가 없습니다. 그렇게 되면 경쟁력에서 밀려날 수밖에 없습니다.

따라서 주제를 잡을 때 가장 먼저 고민해야 하는 것은 나 자신이 잘 할 수 있고 좋아하는 것이 뭔지를 찾는 것입니다. 이런 주제로 시작해야 계정도 성장할 수 있고 지속성도 생겨납니다. 예를 들어 제 계정의 주제는 건강 관리와 다이어트입니다. 이 주제에 대한 콘텐츠는 저 스스로 암을 극복하면서 경험하고 공부한 내용을 토대로 만듭니다. 저는 암을 극복하는 과정에서 평상시 일상에서 건강을 잘 관리하는 것이 너무도 중요하다는 것을 뼈아프게 느꼈습니다. 암을 자가 치료하면서 관련된 책을 많이 읽고 공부도 많이 했습니다. 이렇게 암을 극복하는 과정에서 얻은 지식과 정보는 엘플랑만의 주제가 되어 저를 찾는 분들에게 지속해서 도움을 줄 수 있는 콘텐츠가 되었습니다.

시간이 가는 줄 모르고 할 수 있는 재밌는 일을 떠올린다면 여러분은 어떤 일이 떠오르나요? 만약 내가 선택한 분야에서 매일매일 책을 읽고, 글을 쓰고, 사진과 영상을 찍고, 메시지를 전달해야 하는데 내가 관심이 없고 좋아하지 않는 분야라면 지속해서 할 수 있을까요? 저는 아니라고 생각합니다. 인스타그램 계정을 운영할 때 가장 중요한 건 꾸준함입니다. 따라서 내가 좋아하고 관심이 많은 것을 주제로 삼아야 인스타그램을 지속할 수 있습니다. 한 마디로 내가 꾸준히 지속할 수 있는 주제가 좋은 주제이며, 그것은 바로 내가 가장 좋아하고 관심이 많은 것입니다.

혹시 자신이 가장 좋아하고 관심이 많은 것이 뭔지 분명하지 않다면, 제가 인스타그램 주제를 잡을 때 추천하는 방법을 사용해보기를 바랍니다. 단순하지만 스스로 질문하고 내용을 정리하다 보면 주제를 잡는 데 도움이 됩니다.

- 내가 항상 공부하고 흥미를 느끼는 주제와 그 이유는?
- 살면서 즐겁게 하는 일과 그 이유는?

- ▪배우고 싶은 전문 분야와 그 이유는?
- ▪다른 사람에게 줄 수 있는 유익한 정보와 그 이유는?

계정을 뾰족하게 하는 '콘셉트'

인스타그래머라면 누구나 한 번쯤 '계정의 콘셉트가 중요하다'라는 말을 들어보았을 것입니다. 여기에서 계정의 콘셉트란 무슨 뜻일까요?

저는 계정의 콘셉트를 '나만의 관점과 가치가 담긴 계정의 주제'라고 정의합니다. 계정의 콘셉트란 계정의 주제인데, 다른 계정과는 다른 나만의 가치와 관점이 담긴 계정의 주제입니다. 따라서 계정의 콘셉트를 고민할 때 중요한 것은 같은 주제라 하더라도 자신만의 고유한 관점과 가치가 있어야 한다는 점입니다. 계정의 콘셉트에 자신만의 가치와 관점을 담을 때 차별성이 생기고 팔로워가 자신의 계정을 방문할 이유가 생깁니다.

저 역시 인스타그램을 처음 시작했을 때는 계정의 성장이 힘들었습니다. 일정 시간 시행착오를 겪으면서 그 이유는 바로 제 계정에 저만의 관점과 가치를 담은 뾰족한 콘셉트가 없기 때문이라는 것을 알았습니다. 그 후 긴 고민을 거쳐 나온 콘셉트가 바로 오늘날 저를 있게 해준 '세 가지 암을 이겨낸 40대가 알려주는 건강 이야기'였습니다. 곧 제 인생 경험을 통해서 다른 사람에게 줄 수 있는 유익한 정보가 바로 암을 극복하면서 깨달은 저만의 암 치유법과 건강 관리법이었습니다. 이것은 건강에 관심이 많은 사람에게 유익한 정보일 뿐만 아니라, 저만의 가치와 관점이 담겨 있는 차별화된 건강 지식 정보입니다.

만약 계정의 콘셉트에 대한 고민을 제대로 하지 않고 무작정 유행을 따라 인스타그램 계정을 키워 나간다면, 타인의 아이디어를 벤치마킹하는 방법밖에 없습니다. 물론 이 방법으로 단기간에 떡상을 한두 번 칠 수는 있겠지만 계정을 오래 지속 할 수가 없습니다. 게다가 나만의 경험을 통해서 나온 것이 아니기에 나만의 관점과 가치를 담을 수도 없습니다.

계정의 콘셉트를 정리한 다음에는 자신만의 슬로건도 정리해 보기 바랍니다. '암 극복 자연식물식 간헐적 단식'은 '세 가지 암을 이겨낸 40대가 알려주는 건강 이야기'라는 제 계정의 콘셉트를 슬로건으로 표현한 것입니다. 이 슬로건은 제 계정의 콘셉트며 제가 추구하는 건강에 대한 관점과 방법을 사람들과 공유할 때나 콘텐츠를 기획할 때 중요한 나침반이 되기도 합니다.

엘플랑의 프로필

프로필에 나를 효과적으로 소개하기

인스타그램 프로필은 가게로 비유하면 간판과 같습니다. 우리가 식당을 찾을 때 간판을 먼저 확인하는 것처럼, 사람들은 프로필을 통해서 가장 먼저 이 사람이 어떤 사람인지 확인

합니다. 따라서 사람들이 여러분의 인스타그램 프로필을 보고 정체성을 쉽게 인식할 수 있도록 프로필을 일목요연하게 잘 정리할 필요가 있습니다.

프로필에서 인스타그램 이름과 슬로건은 아무리 강조해도 지나치지 않습니다. 하지만 이름과 슬로건 못지않게 중요한 것이 있습니다. 바로 [소개]입니다. 프로필에서 가장 먼저 눈에 띄는 건 프로필 사진과 사용자 이름이지만, [소개] 글로 방문자의 눈길을 한 번에 사로잡아야 한다는 점을 절대 놓쳐서는 안 됩니다.

인스타그램을 하다 보면, 예상치 않은 콘텐츠가 대박이 날 때가 있습니다. 그런데 이렇게 대박 난 콘텐츠로 방문자가 늘었지만, 막상 계정을 방문했는데 계정에 눈에 확 들어오는 메뉴가 없다면 어떻게 될까요? 맛있는 요리를 먹기 위해 식당의 문을 열고 들어왔는데 맛있는 메뉴가 없다면 손님은 곧바로 나가버리지 않을까요? 마찬가지로 대박 콘텐츠를 보고 계정을 방문했는데, 정작 계정에서 제공하는 유익한 메뉴가 없다면, 방문자가 내 계정을 계속 팔로잉할 이유가 없습니다. 방문자는 바로 나가고 말 것입니다.

프로필의 [소개]는 계정을 방문한 사람이 내 계정을 팔로잉해야 하는 이유를 알려주는 공간입니다. 따라서 프로필의

[소개]는 한눈에 봐서 누구나 쉽게 이해할 수 있도록 명확하게 잘 정리해야 합니다. 여러분의 인스타그램 계정을 처음 방문한 사람은 여러분이 작성한 [소개]를 보면서 이 사람과 관계를 맺을지 말지를 빠르게 판단하기 때문에, [소개]에는 계정의 콘셉트가 무엇이고 어떤 혜택이 있는지를 처음 보는 사람이 아무나 쉽게 알 수 있도록 잘 정리해야 합니다.

[소개] 글을 계정의 콘셉트에 맞도록 잘 정리하려면, 다음 세 가지 물음에 대한 답을 정리해 보는 것도 좋은 방법입니다.

- 첫째, 당신은 누구입니까?
- 둘째, 당신을 팔로잉하면 어떤 이점이 있습니까?
- 셋째, 당신을 신뢰할 근거는 무엇입니까?

[소개]의 마무리는 '콜투액션(사용자의 반응을 유도하는 액션)'으로 자신과 연관된 SNS나 추가 정보를 제시하면 좋습니다. 여기에서 [소개]에 들어갈 내용의 순서는 중요하지 않습니다. 굳이 순서를 정한다면 아무래도 자신이 가장 강조하고 싶은 내용이 첫 행에 나오도록 하면 됩니다

지금까지 설명한 내용을 제 인스타그램 계정의 [소개]를 통해서 설명하면 다음과 같습니다

엘플랑의 [소개]

■ 첫째 줄 : 3가지 암을 이겨낸 40대 (나를 신뢰할 만한 근거, 곧
경력이나 일을 하면서 겪었던 문제나 극복 과정 등)

■ 둘째 줄 : JTBC, MBN, 내 몸을 바꾸는 시간 등 방송 출연 (나
를 매력적으로 나타낼 수 있는 것. 곧 저술한 책이나 수상 경력 등)

■ 셋째 줄 : 나를 위한 건강한 다이어트가 당신에게 도움이

되기를 (내가 도와줄 수 있는 것, 곧 내가 전달하는 가치나 혜택)

- 넷째 줄 : 전자책 구매 안내, 컨설팅 상품 안내, 단톡방 안내 등 (콜투액션)

이렇게 사람들이 여러분의 [소개] 글을 보면서 어떤 가치를 전달하고자 하는지를 무의식적으로 곧바로 느낄 수 있어야 합니다.

인스타그램 프로필의 [소개]는 140글자 안에서 글이나 이미지, 링크를 사용하여 자유롭게 표현할 수 있습니다. 따라서 [소개]를 작성할 때는 텍스트만 빼곡하게 적기보다는, 내용에 어울리는 이모티콘을 적절하게 활용해서 가독성을 높이는 것도 좋은 방법입니다.

다시 한번 말씀드리지만, 프로필의 [소개]는 내 계정을 팔로잉하면 어떤 잇점이 있는지를 방문하는 사람이 누구라도 쉽게 알 수 있도록 작성하는 것이 가장 중요하다는 사실을 꼭 명심하세요.

홍보 채널 늘리기

인스타그램을 넘어 멀티 SNS 채널로 홍보 채널을 늘리는 것은 향후 수익을 만드는 과정에서 매우 중요합니다. 하지만 홍보 채널을 늘릴 때 전략이 필요합니다. 채널이 늘어나면 그만큼 공수도 늘어나고 산만해질 수 있기 때문입니다.

저는 인스타그램을 기본 채널로 운영하면서 블로그와 유튜브를 보조 채널로 이용하고 있습니다. 이유는 블로그나 유튜브보다 인스타그램이 운영하기가 쉽기 때문입니다. 그러고 나서 인스타그램이 어느 정도 자리를 잡았을 때, 곧 내 키워드가 분명해지고 지속해서 팔로워가 증가할 때, 저는 원 소스 멀티 유즈 전략을 실행에 옮겨, 같은 콘텐츠를 블로그와 유튜브에 적합한 형태로 가공하여 업로드를 시작했습니다. 이렇게 하자 1개의 콘텐츠 소스로 2개 이상의 플랫폼에 콘텐츠를 더 쉽게 노출할 수 있었습니다.

저는 이렇게 인스타그램에 집중한 다음에 블로그로 확장했습니다. 인스타그램에서 시행착오를 거치면서 엘플랑 브랜드의 기본적인 방향성을 정하고 팬층을 형성한 후에 블로그로 확장하니, 시작부터 일관성 있는 콘텐츠로 블로그를 운영할 수 있었습니다. 만약 제가 아무 방향성 없이 블로그를 동시에 시작했다면, 시간은 시간대로 쓰면서 아무 성과도 없이 방치하고 말았을 것입니다. 블로그는 중간에 콘텐츠의 성향이 바뀌면 알고리즘에 의해 저품질 블로그로 분류될 가능성이 큽니다. 그러니 콘텐츠의 방향성을 잡아가는 시행착오를 인스타그램에서 먼저 겪은 것이 다행이라고 생각합니다

여러분도 인스타그램이 어느 정도 자리를 잡고 나서, 곧 내 키워드가 분명해지고 지속해서 팔로워가 증가할 때, 원 소스 멀티 유즈 전략을 실행에 옮겨, 같은 콘텐츠를 블로그나 유튜브에 적합한 형태로 가공하여 업로드하기를 바랍니다. 한 플랫폼에서 어느 정도 브랜딩이 되고 나서, 다른 플랫폼으로 확장해야 시너지가 생긴다는 점을 잊지 말기 바랍니다

인스타그램에서 수익을 만들 수 있는 대표 주제들

- 패션과 뷰티: 개인 패션 스타일이나 뷰티 관련 정보, 패션 스타일링 팁, 좋아하는 화장품 리뷰 등. 관련 브랜드와의 협업 용이

- 푸드 : 맛있는 음식 사진이나 레시피 등. 식당 및 식품 브랜드와 협업 용이

- 여행과 라이프스타일: 여행 사진과 여행 팁 등. 호텔, 항공사, 여행 회사와 협업 용이

- 헬스와 웰빙: 운동과 다이어트나 건강 레시피 등. 관련 상품 판매에 용이

- 자동차: 자동차 리뷰나 드라이빙 팁 등. 자동차 브랜드와 협업 용이

- 홈 인테리어: 집 꾸미기 아이디어나 가구 리뷰 등. 인테리어 브랜드와 협업 용이

- DIY 프로젝트: DIY 작업 과정이나 결과물 등. DIY 브랜드와 협업 용이

- 뷰티와 건강 제품: 스킨케어 제품, 건강 보조제, 화장품 리

뷰. 관련 브랜드와 협업 용이

- 예술과 공예: 예술 작품을 만들기, 공예품 판매. 아티스트 브랜드와 협업 용이

- 코칭: 특정 분야에 관한 전문 조언. 온라인 강의나 컨설팅 서비스 제공에 용이

03

계정을 성장시키는
인스타그램 운영 전략

인스타그램 계정을 수익을 만드는 비즈니스로 성장시키려면, 고객과의 접점을 부단히 늘려가야 합니다. 이를 위해서는 무엇보다 자신만의 가치와 전문성을 뾰족하게 하는 것이 중요하지만, 여기에 몇 가지 전략을 함께 운영한다면 좀 더 효과적으로 계정을 성장시킬 수 있습니다.

시간과 돈을 아껴주는 벤치마킹 적극 활용하기

초보자가 많이 하는 실수는 콘텐츠 창작에 너무 많은 시간을 허비하는 것입니다. 혼자서 열심히 고민한다고 좋은 답이 나오는 것은 아닙니다. 하루에 3~4시간씩 고민해서 콘텐츠를 만들다 보면, 금방 지쳐서 포기하게 됩니다. 최대한 효율적으로 콘텐츠를 만들고 좋은 반응을 얻어야 인스타그램을 지속할 힘이 생깁니다. 이럴 때 좋은 방법이 바로 벤치마킹입니다. 이미 시장에서 좋은 반응을 얻은 콘텐츠 형식이나 구성을 참고하여 나만의 색깔을 넣어서 콘텐츠를 만드는 것이 더 효율적일 때가 많습니다. 특히 다음 세 가지 유형의 계정은 계정을 성장시키기 위해 반드시 참고하면 좋은 계정입니다.

① 내 계정의 주제와 비슷한 인플루언서 계정

이 계정을 방문해 팔로워들의 반응이 좋았던 콘텐츠를 확인하고, 리스트를 만들고, 내 콘셉트나 스토리에 가장 적합한 콘텐츠를 선택해 그 구성이나 스토리 전개 방식을 참고합니다.

② 디자인 인플루언서 계정

디자인 인플루언서가 운영하는 계정의 톤앤매너나 색감, 게시물의 디자인은 수준이 매우 높아서, 프로필이나 게시물을 디자인할 때 참고하면 많은 도움이 됩니다. 특히 다음 5가지를 체크해 보면 무엇을 참고할지 분명해집니다.

- 콘셉트 컬러
- 프로필 디자인

- 스토리 하이라이트
- 피드의 톤앤매너
- 게시물의 디자인

③ 재능 사이트나 SNS 핫한 계정

크몽, 탈잉, 클래스101과 같은 사이트뿐만 아니라, 지식 노하우를 전문으로 하는 인스타그램이나 블로그, 유튜브 방송의 핫한 계정에서 인플루언서를 찾아 자신의 롤 모델로 삼는 것입니다. 만약 재능 사이트에서 롤 모델을 발견했다면, 커리큘럼을 살펴보고 참고할 내용은 즐겨찾기를 해놓기를 바랍니다. 나아가 SNS도 운영하고 있는지도 꼭 확인하기를 바랍니다. 그러고 나서 롤 모델이 SNS는 어떻게 운영하고 있는지, 프로필 사진은 어떤지, 프로필 텍스트는 어떻게 적혀있는지, 또 어떻게 잠재고객과 소통하고 있는지 등을 자세히 살펴보길 바랍니다. 거기서부터도 많은 것을 배울 수 있습니다. 블로그가 있다면, 어떤 콘텐츠를 발행하고 있는지도 모두 살펴보세요. 유튜브도 마찬가지입니다. 롤 모델이 잘하고 있을수록 당신이 참고할 것이 많습니다. 앞서가는 선배들이 있다는 것은 정말 감사한 일입니다. 그만큼 시행착오를 줄일 수 있을 테니까요.

알고리즘 100% 이용하기

인스타그램 알고리즘을 이해하면, 계정을 그만큼 빠르게 성장시킬 수 있습니다. 인스타 알고리즘에서 가장 강력한 툴은 [탐색탭]입니다. 내 게시물이 [탐색탭]에 노출되는 순간 그 게시물이 많은 사람에게 도달하고, 게시물이 도달한 사람들이 계정을 팔로잉하는 원리로 알고리즘이 작동합니다. 한마디로 [탐색탭]에 게시물이 올라가면, 내 계정의 팔로워가 급격하게 증가합니다.

그렇다면 어떻게 해야 내 게시물을 [탐색탭]에 노출할 수 있을까요? 정답은 '내 팔로워의 반응'입니다. 이것을 인게이지먼트(engagement)라고 하는데, '좋아요', '댓글', '공유', '저장' 4가지로 구성되어 있습니다. 특히 '공유'와 '저장' 수가 [탐색탭] 노출에 결정적 영향을 끼칩니다. 제 경험에 의하면, '저장' 수가 '좋아요' 수보다 두 배 이상 높으면 [탐색탭]에 조금씩 노출되기 시작합니다. 일단 [탐색탭]에 노출되고 나서부터는 '저장'과 '공유'의 수가 폭발적으로 증가합니다. 결론적으로 계정을 성장시키는 가장 중요한 열쇠는 바로 사람들이 저장하고 싶은 게시물을 만드는 것입니다. 사람들이 저장하고 싶은 게시물의 특성과 유형, 인스타그램의 최근 콘텐츠 노출 기준을 정리하면 다음과 같습니다.

저장하고 싶은 콘텐츠의 특성

- 유익한 정보를 담은 콘텐츠
- 한 번에 외우지 못하는 콘텐츠
- 활용하려면 다음에 또 봐야 하는 콘텐츠

저장하고 싶은 콘텐츠의 유형

- 특정 분야나 주제에 관해 유익하고 필요한 정보를 주는 콘텐츠
- 흩어진 정보를 큐레이션 해 주는 콘텐츠 : 누구나 시간만 들이면 찾을 수 있는 내용이지만, 알기 쉽고 보기 좋게 정리하여 내 시간을 아껴주는 콘텐츠
- 내 경험과 노하우를 알려주는 콘텐츠 : 그 사람에게만 얻을 수 있는 경험과 노하우가 담긴 콘텐츠(단, 누구나 다 아는 경험이나 노하우를 아무 관점 없이 주면 역효과가 발생할 수 있음)
- 보고 그대로 따라 할 수 있는 콘텐츠 : 지금 내가 당장 하지 않더라도 나중에 분명 보면서 따라 할 거라는 마음이 생기는 콘텐츠

인스타그램의 최신 알고리즘 노출 기준

- 많은 사람의 클릭을 끌어냈는가?

- 많은 사람의 반응(좋아요, 댓글, 공유, 저장)을 끌어냈는가?
- 게시물에 머무는 시간이 긴가?
- 게시물 주제와 관련된 사람이 클릭했는가?
- 팔로워 전환율이 높은가?
- 기존 게시물과 다른 새로운 콘텐츠인가?
- 게시물의 주제가 자신이 팔로잉하는 계정의 콘텐츠와 비슷한가?

위 조건들을 만족시키면 당신의 인스타그램 게시물은 이전보다 훨씬 더 많이 노출될 수 있습니다. 따라서 콘텐츠를 기획할 때 반드시 위에서 설명한 세 가지 질문을 하기를 바랍니다. 이런 질문을 거쳐 만든 콘텐츠가 킬러 콘텐츠가 되어 '공유'와 '저장'을 늘려 계정을 성장시킬 수 있다는 사실을 명심하기를 바랍니다.

내 계정의 노출을 높이는 활동에 집중하기

인스타그램은 꾸준히 활동하는 계정을 높게 평가합니다. 게시물과 스토리를 꾸준히 올리고, 다른 게시물에 댓글을 달고, 사람들과 DM으로 소통하는 모든 활동이 내 계정의 최적화에 유리하게 작용합니다. 따라서 인스타그램을 운영하면

노출이 많이 된 엘플랑의 게시물

서 적극적으로 이웃과 관계를 맺고 소통하며 내 계정이 부단히 노출되도록 해야 합니다. 하지만 이런 활동을 할 때 다음과 같은 방향과 전략이 필요합니다.

내 계정의 주제나 관심사와 거리가 먼 게시물이나 피드를 자주 클릭하지 않기

인스타그램의 알고리즘은 계정의 활동과 관심사를 기반으로 게시물을 추천하기 때문에, 만약 내 카테고리와 거리가 먼 콘텐츠를 자주 클릭하면, 타깃 그룹이 분산되어 정작 내가 원하는 사람들에게 내 게시물이 추천되지 않습니다. 이 말은 애써 만든 내 피드가 내 타깃에게 전달이 잘 안 된다는 뜻입니다. 따라서 반드시 자신의 계정 주제에 맞춰 원하는 타깃과 비슷한 관심사의 콘텐츠를 소비해야 합니다. 굳이 다른 주제의 게시물이 보고 싶다면 부계정으로 보기를 바랍니다.

내 주제와 관련이 없는 사람과 아무 생각 없이 맞팔하거나 소통하지 않기

인스타그램 알고리즘은 내 활동과 반응을 통해서 내 게시물을 노출합니다. 내 주제와 관련이 없는 계정과 맞팔을 하거나 소통을 하면, 인스타그램은 자신의 알고리즘에 의해서 내 계정의 행동과 취미를 잘못 파악하여, 원하지 않는 타깃에 내 피드를 노출할 확률이 높아집니다. 그렇게 되면 내 피드에 관심이 전혀 없는 사람에게 콘텐츠가 노출되면서 반응률이 떨어지고, 자연스럽게 내 계정의 노출이 줄어듭니다. 따라서 반드시 나와 비슷한 주제로 운영하는 계정과 맞팔을 하고 소통을 해야 합니다.

꾸준히 활동하고 소통하기

나와 관심사가 같은 피드에 '좋아요'와 '댓글'을 많이 남기면 남길수록 내 피드의 '좋아요'와 '댓글'도 자연스럽게 늘어납니다. 이런 활동이 쌓여 계정의 최적화에 영향을 끼칩니다. 따라서 이런 소통과 활동을 절대 소홀히 하면 안 됩니다. 특히 인스타그램 활동 초반에는 더욱 신경을 써야 합니다.

인스타그램 계정을 운영할 때 하지 말아야 할 일

계획과 목적이 없이 계정을 운영하기

인스타그램을 운영하거나 콘텐츠를 포스팅할 때, 그냥 열심히 한다고 계정이 자동으로 성장하지 않습니다. 따라서 계정을 운영하거나 콘텐츠를 기획할 때 다음을 분명히 해야 합니다.

- 인스타그램의 목적
- 구체적인 타깃 설정
- 콘텐츠의 주제와 포스팅 주기

나와 비슷한 계정을 경쟁 상대로 삼기

인스타그램에서 나와 비슷한 계정은 경쟁 상대가 아니라 스승 계정으로 삼고 벤치마킹을 해야 합니다. 다만 똑같이 따라 하는 것이 아니라, 그 계정의 잘된 부분이나 콘텐츠 아이디어를 보고 내 계정에서 새롭게 재구성하면 계정 성장에 도움이 됩니다.

메시지가 분명하지 않은 콘텐츠 올리기

　주제가 선명하고 명확한 콘텐츠를 포스팅해야 게시물의 반응을 높일 수 있습니다. 따라서 한 콘텐츠에 너무 다양한 메시지를 담지 말기 바랍니다. 그렇게 하면 콘텐츠의 주제가 흐려집니다. 원 콘텐츠 원 메시지로 주제가 명확한 게시물을 올리기 바랍니다.

시간이 날 때 그때그때 콘텐츠 올리기

　시간이 될 때 비정기적으로 콘텐츠를 올리면 안 됩니다. 정기적으로 내 팔로워들이 활동하는 시간에 꾸준히 올려야 합니다.

소통은 신경을 쓰지 않고 그냥 올리기만 하기

　찐 소통으로 찐팬을 만드는 건 처음에 느린 것 같지만, 시간이 지나 폭발적으로 계정이 성장하는 데 탄탄한 뿌리가 됩니다. 따라서 콘텐츠를 올리는 것도 중요하지만, 지속해서 팔로워나 다른 계정을 찾아서 소통하는 것도 매우 중요합니다.

내 관점에서만 고민하기

내 관점이 아닌 내 콘텐츠를 소비하는 팔로워 관점에서 고민하기 바랍니다. 곧 어떤 내용이 현재 팔로워뿐만 아니라 내 잠재 팔로워에게 필요한지를 부단히 질문하고 콘텐츠에 반영해야 합니다.

04

반응이 높은
게시물 만들기

클릭하고 싶은 섬네일과 후킹 문구

많은 사람의 클릭을 끌어내려면, 섬네일의 후킹 문구를 잘 만들어야 합니다. 후킹은 갈고리라는 뜻으로, 후킹을 하려면 고객이 궁금하게 여기거나 해결하고 싶은 문제를 후킹 문구로 작성해야 합니다. '혹시 이런 문제가 있지 않습니까?'라고 하면, 사람들은 이 문구를 보고 '어라, 내 얘기 같네!'라고 느끼며 바로 클릭을 합니다. 마치 물고기가 미끼를 무는 것처럼 말이죠. 여러분도 한 번 기억을 소환해 보기 바랍니다. 여러분이 무심코 클릭한 광고나 섬네일의 시작은 대부분 여러분이 궁금하게 여기거나 해결하고 싶은 문제를 제시하고 있지 않았나요? 저도 욕실 곰팡이 때문에 고민을 하고 있었는데,

어느 날 '혹시 욕실 곰팡이를 뿌리째 없애고 싶지 않으세요?' 라는 섬네일의 후킹 문구를 보고 무심코 클릭한 경험이 있습니다. 여러분 게시물의 클릭 수를 높이려면, 사람들이 먼저 섬네일을 클릭해야 합니다. 그러려면 섬네일의 문구는 반드시 사람들의 잠재적인 욕구를 자극하는 것으로 시작해야 합니다.

스토리가 있는 게시물

사람들이 끝까지 게시물을 보게 하려면, 다음에 이어지는 글을 읽고 싶은 마음이 들도록 해야 합니다. 다음에 나오는 글이 궁금해지도록 하는 가장 강력한 무기는 스토리를 입히는 것입니다. 사람들은 대부분 자신의 이야기가 아니면 별 관심이 없으므로 '자신의 이야기'라는 생각이 들도록, 마치 라디오 주파수를 맞추듯 공감대를 형성해야 합니다. 사람들과 공감대를 형성하는 스토리에는 여러 가지가 있지만, 제가 게시한 스토리 가운데 반응이 좋았던 두 가지 유형을 간단히 소개하겠습니다.

클릭율이 높은 엘플랑의 섬네일 문구

정말 힘들었던 경험과 이를 이겨낸 스토리

내가 겪었던 힘든 경험과 이를 극복한 스토리는 많은 사람
의 공감을 불러일으킬 수 있습니다. 사람들은 진심을 느끼는
이야기에는 귀를 기울입니다. 우리는 살면서 모두 힘든 과정
을 겪기에 자신의 힘든 과정과 경험, 이것을 이겨낸 이야기

를 진솔하게 풀어내면, 사람들은 대부분 공감하면서 귀를 기울입니다. 요즘 이런 스토리 텔링 릴스가 자주 떡상하는 것을 심심찮게 볼 수 있습니다.

저도 암을 극복하며 아들을 키우는 워킹맘이 건강한 다이어트를 해나가는 스토리를 릴스로 만들어 포스팅한 적이 있습니다. 너무나 무서운 암에 걸려 미래에 대한 불안을 느끼면서 겪었던 마음을 솔직하게 릴스로 풀어냈습니다. 그러자 그 릴스는 100만 뷰, 50만 뷰, 30만 뷰, 20만 뷰, 10만 뷰가 되면서 연달아 큰 반응을 얻었습니다.

구체적인 이득을 제시하는 정보성 스토리

사람들에게 도움이 되는 이득을 구체적으로 제시하지 않으면, 사람들은 금방 이탈하기 마련입니다. 따라서 게시물을 끝까지 읽게 하려면, 반드시 구체적인 이득이 무엇인지를 콘텐츠에 담아야 합니다. 여기에서 구체적인 이득이란, 게시물을 통해서 얻을 수 있는 정보나 노하우입니다. 클릭이나 반응이 높은 게시물을 보면, 짧은 게시물 안에 반드시 유익한 정보가 들어 있습니다. 따라서 여러분이 게시물을 올릴 때는 되도록 사람들이 다시 내 계정을 찾아올 수 있는 유익한 정보를 담도록 해야 합니다.

엘플랑의 떡상 스토리

구체적 이익을 제시하는 엘플랑의 게시물

아래 스토리는 치약 공동구매를 위한 콘텐츠를 만들 때 사용한 캡션입니다. 여느 스토리 콘텐츠와는 다르게 아주 구체적인 정보를 담고 있습니다. 이렇게 전문성 있는 정보를 제공해야 계정을 성장시킬 기회가 찾아옵니다.

- 염증이 결국 암이 된다고 믿는 나는 온몸 구석구석에 병을 옮기는 만성염증을 없애는 매일의 루틴이 있어!

- 일단 아침에 일어나면 양치부터 해. 우리 침엔 항균 작용이 있어. 근데 자는 동안엔 침의 분비가 적어지면서 세균이 늘어나는 거지!

- 자고 있을 때 입안 세균은 깨어 있을 때보다 10배 이상 증가한대. 구내염 자주 걸리는 사람?! 쓰는 치약부터 의심해 봐.

- 치약 성분 중에 계면활성제 SLS가 있어. 이게 구내염 원인일 수도 있다. 구강 내 세균이 다양한 전신 질환을 일으킬 수 있다는 연구 결과가 많아.

- 입속 세균 관리를 잘 하지 않으면 입속 세균이 혈액을 타고 들어가 심장, 혈관 자궁 등 온몸의 다양한 장기를 공격하기 때문이야.

- 치약 어떻게 고르고 있어? 기준은 있어?

가독성 있는 피드 만들기

인스타 떡상의 중요 포인트는 피드의 가독성을 높이는 것입니다. 피드의 내용이 한눈에 읽히지 않으면, 많은 이탈자가 생겨납니다. 따라서 피드 글을 작성할 때는 내가 전달하려는 몇 가지 포인트를 '누군가에게 설명한다는 생각'으로 작성해 보기를 바랍니다. 저는 주로 제 동생에게 설명한다는 마음으로 피드를 만듭니다. 가독성 있는 피드를 만드는 방법을 간단히 요약하면 다음과 같습니다.

- 한눈에 잘 읽히도록 한다!
- 포인트를 집어서 핵심만 콕콕 전달한다!
- 누군가에게 말한다는 생각으로 쓴다!

엘플랑의
다양한 수익 모델

20년간 다니던 대기업을 퇴사하면서 인스타그램을 시작할 때, '온라인에 내 꿈을 담을 수 있는 플랫폼을 반드시 하나 만들겠다.'라고 결심하고, 할 수 있는 것부터 하나씩 실행했습니다. 일단 인스타그램으로 시작하여 터전을 만든 다음 블로그로 확장했고, 이제는 틱톡과 유튜브까지 운영하고 있습니다. 처음엔 그냥 열심히만 했습니다. 하지만 작은 노력이 모여서 지금의 6만 팔로워 인스타그램과 최적화 3단계의 블로그로 성장했습니다. 많은 시행착오를 겪으면서 실패를 분석하고, 새롭게 도전하면서 전략을 수정하고 또 수정했습니다. 현재의 수익 모델은 이러한 결과를 통해서 하나씩 하나씩 실체가 만들어진 것입니다 첫 다이어트 클래스가 성공하면서 공동구매, 전자책, 강의와 강연 등으로 수익의 범위를 넓히면서 깨달은 한 가지가 있습니다. '수익모델은 반드시 하나를 성공시킨 후 단계적으로 늘려가야 한다'라는 사실입니다. 최근 많은 미디어 채널에서 수익화 모델에 관한 내용을 많이 다루고 있습니다. 그리고 이것저것 시도해 보기를 권하고 있습니다. 물론 다양한 시도를 할 수 있지만, 시도와 성공은 전혀 다른 이야기입니다. 저는 한 개의 수익 모델을 제대로 경험하고 안착시킨 다음에 이것을 토대로 단계적으로 하나씩 수익 모델을 확장할 때 수익화의 성공 가능성이 크다고 생각합니다.

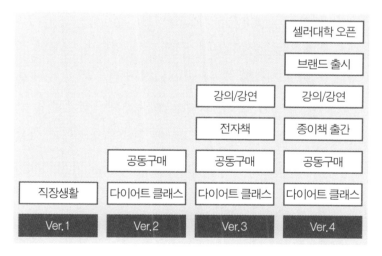

엘플랑의 수익 모델

공동구매

공동구매란 자신의 인스타그램 계정에서 좋은 제품이나 서비스를 특정 기간에 판매하여 판매 수수료를 얻는 수익 모델입니다. 하지만 공동구매로 수익을 만들려면, 일단 자신의 인스타그램 계정의 주제가 명확하고 콘셉트도 유니크해야 합니다. 그래야 팔로워와의 관계가 단단해지고 이를 토대로 공동구매가 이루어지기 때문입니다. 공동구매가 홈쇼핑이나 라이브 방송과 다른 점은 인플루언서와 팔로워와의 신뢰 관계를 전제로 고객들이 제품을 구매한다는 점입니다. 팔로워와 신뢰 관계가 없다면, 설혹 제품이 아무리 좋고 가격이 싸더라도 팔로워들이 쿠팡이나 스마트스토어가 아닌 나한테 굳이 이 제품을 구매할 이유가 없습니다.

신뢰 관계로 맺어진 팔로워가 1만 명이 있다면, 누구나 공동구매를 바로 시작할 수 있습니다. 저 또한 건강을 주제로 제가 경험하고 공부한 지식과 정보로 인스타그램 계정을 성장시켜 팔로워가 1만 명이 되었을 때 처음 공동구매를 시작했습니다.

6년 전 온라인 다이어트 팀을 시작할 때, 팔로워들이 다이어트를 하는 데 조금이라도 도움을 주고 싶은 마음에 건강 다이어리를 만들어 첫 공동구매를 진행했습니다. 첫 공동구매라

과연 성공할 수 있을지 걱정이 많았지만, 놀랍게도 완판이 되었습니다. 첫 공동구매가 성공하고 엘플랑의 '플랑플랑 다이어트'의 기수가 쌓이면서, 팔로워들의 공동구매 요구는 점점 더 다양해졌습니다. 인스타그램에서 소개한 내가 먹는 식품, 운동기구, 운동복 등에 관해 질문이 많아지면서 상품명과 구매처를 일일이 알려드렸지만, 오히려 공동구매를 해달라는 요청이 끊이지 않았습니다. 공동구매는 시간이 흐르면서 건강 과일이나 곡물과 같은 농장 직송 먹거리, 부기를 빼주는 부기차, 셀룰라이트 제거 크림, 스테퍼, 다이어트 땀복, 다이어트 벨트 등 다양한 상품으로 발전했습니다. 이렇게 시작한 공동구매는 성장하면서 최고 3억 원의 매출을 기록하기도 했습니다. 이러한 공동구매에 대한 제 경험을 기준으로 공동구매 성공에 필요한 6가지 요소를 간략히 정리하면 다음과 같습니다.

① 팔로워와의 탄탄한 신뢰 관계

팔로워와의 탄탄한 신뢰 관계야말로 공동구매를 진행하는 든든한 힘이자 성공의 열쇠입니다. 공동구매는 팔로워와 탄탄한 신뢰 관계가 없다면, 한두 차례 성공할 수는 있지만, 절대 지속할 수 없습니다. 이 점이 바로 홈쇼핑이나 라이브 방송과 공동구매가 다른 점입니다. 신뢰 관계가 없이 공동구매를 진행하다 보면, 결국은 가성비가 중심이 될 수밖에 없습니다. 그렇게 되면 굳이 팔로워들이 공동구매로 제품을 구매할 이유가 없습니다. 쿠팡이나 스마트스토어에도 가성비가 뛰어난 비슷한 제품이 많기 때문입니다. 따라서 공동구매를 지속하려면, 당장 수익보다는 자신만의 가치로 팔로워와 탄탄한 신뢰 관계를 만들기 위해 노력해야 합니다. 이 점이 공동구매 수익화의 가장 빠른 길입니다. 하지만 가장 힘든 과정이기도 합니다.

② 사전 홍보

공동구매를 시작하기에 앞서 사전 홍보 피드를 올려서 먼저 사람들의 관심을 끌어내는 것이 좋습니다. 사전 홍보를 통해서 팔로워들이 공동구매에 대해 궁금한 점이나 기대감을 댓글로 남기면, 나중에 공동구매를 시작하면서 이분들에게 한 번 더 공동구매 시작을 알릴 수 있습니다.

③ 콜투액션

공동구매를 시작할 때 피드에는 반드시 콜투액션 장치를 만들어 두어야 합니다. 콜투액션이란 한 마디로 사람들이 구매 행동을 하도록 유발하는 장치입니다. 공동구매를 진행하면서 느낀 점은 사람들은 보통 구매 버튼이나 구매 신청 폼이 눈에 보이지 않으면, 바로 행동하지 않는다는 사실입니다. 아마도 구매하고 싶은 욕구가 생기는 그 순간에 바로 구매하지 않으면, 곧바로 마음이 바뀌기 때문인 것 같습니다. 따라서 공동구매를 진행할 때도 고객이 구매하고 싶은 마음이 드는 그 순간에 바로 행동을 하도록 장치를 마련해 두어야 합니다. 그런 역할을 하는 것이 바로 콜투액션입니다.

④ 공동구매 기간

제 경험으로 볼 때, 아무리 좋은 제품이라도 3일째 매출이 최고에 달하고 그 이후에는 매출이 점차 줄어들었습니다. 곧 공동구매 기간이 길다고 매출이 많이 늘어나지 않았습니다. 오히려 공동구매 기간이 너무 길면, 사람들은 구매를 뒤로 미루는 경향이 있습니다.

⑤ 공동구매 마감일 알리기

공동구매를 진행할 때 한 가지 더 알아둘 것이 있습니다. 바로 마감 날짜를 명확히 설정하는 것입니다. 그리고 실제 마감일에는 '오늘 마감입니다'라는 메시지를 지속해서 알려야 합니다. 살까 말까 망설이는 분들은 계속 구매를 미루다 결국

잊어버리기 때문입니다. 저는 이렇게 해서 마감 직전에 매출이 폭발적으로 늘어난 경험이 자주 있었습니다.

브랜드사의 홍보 콘텐츠 제작

계정이 성장하면 브랜드사와 콜라보를 통해서 콘텐츠 수익을 만들 기회가 생깁니다. 내 인스타그램의 특성과 주제, 그리고 활동력을 지켜보던 브랜드사의 관계자들로부터 '제품을 드릴 테니 사용 후기를 올려주세요'라거나 '제품을 홍보하는 콘텐츠를 제작해서 올려주세요'라는 요청을 받게 됩니다. 브랜드사에서 보면 자신들이 큰 비용을 들여 제품을 홍보하거나 광고하는 것보다는, 팔로워와 단단한 관계를 맺고 있는 인플루언서와 콜라보로 제품을 홍보하는 것이 훨씬 더 효과가 크기 때문입니다.

이렇게 브랜드사와 콜라보 협찬 광고를 진행하다 보면, 광고 홍보 콘텐츠를 직접 제작하는 기회가 생기기도 합니다. 곧추가 수익 사업으로 발전할 수 있습니다. 인플루언서는 팔로워와 부단한 소통을 통해서 고객의 니즈를 잘 파악하고 있기에, 브랜드사가 직접 제작한 광고보다 소구력이 강한 광고를 제작할 확률이 높기 때문입니다. 자신만의 주제와 콘셉트로 팔로워와 소통하면서 알게 된 고객의 마음은 브랜드사가 가장 부족하고 아쉬운 부분이지 않을까요?

저는 건강을 주제로 하는 인플루언서라 건강식품 홍보 콘텐츠를 제작해 달라는 요청을 많이 받고 있습니다. 특히 최근에는 건강 관련 콘텐츠를 릴스로 제작하여 포스팅하면서 릴스 홍보 영상 제작 의뢰가 부쩍 늘었습니다. 숏폼 중심으로 콘텐츠가 변화하면서 브랜드사에서도 릴스나 숏폼 홍보 영상에 관심이 많은 것 같습니다.

개인 브랜드 론칭

2023년 2월, 제 인스타그램 계정의 이름인 엘플랑으로 회사를 설립했습니다. 제가 암을 극복하면서 경험하고 공부한 지식을 바탕으로 우리 몸의 염증을 관리하는 것이 암을 예방하는 데 무척 중요하다는 사실을 깨달아, 염증 케어 청결제 '닥터아라'를 제조해 판매하기 위해서입니다.

제 브랜드를 직접 론칭하면서 가장 중요하게 생각한 것은 마케팅이었습니다. 6만 명이 넘는 제 인스타그램뿐만 아니라, 지금까지 서로 관계를 맺어왔던 인플루언서들의 도움을 받아 함께 홍보를 진행했습니다. 많은 분과 함께 마케팅할 때는 특정 기간에 동시에 게시물을 업로드하는 것이 중요합니다. 특정 기간에 특정 상품이 반복 노출이 되면, 소비자들은 이 제품이 요즘 핫한 제품이고 믿을 수 있는 제품으로 여기게 됩니다. 어찌 보면 이것은 바이럴 마케팅 회사가 사용하는 방법이기도 합니다. 이 기간에 펀딩도 함께 진행하면 시너지를 만들 수 있습니다.

퍼스널브랜드가 직접 제품을 만들어 브랜드를 론칭하려면 큰 자본이 필요합니다. 여기에 마케팅 비용까지 예상하면, 공동구매나 무자본 창업과는 비교도 되지 않을 정도로 큰 프로젝트가 됩니다. 이럴 때 국가에서 지원하는 창업지원 제도나 창업 프로그램을 활용하면 큰 도움이 됩니다. 저도 국가 창업 프로그램의 지원을 받아 비교적 큰 비용을 들이지 않고 제가 꿈꿔왔던 저만의 브랜드를 탄생시킬 수 있었습니다.

전자책

전자책을 만든 계기는 엘플랑 다이어트를 운영하면서 크루들을 위한 더 나은 교재가 있으면 좋겠다는 생각 때문이었습니다. 그래서 크루들이 다이어트를 끝까지 제대로 할 수 있도록 도와주는 다이어트 노트를 만든 것이 전자책 기획의 시작이었습니다. 곧 제가 전자책을 만든 이유가 팔로워분들의 불편과 결핍을 채워드리기 위함이었습니다. 지금까지 이렇게 만든 전자책이 10권이 넘습니다. 그리고 이렇게 전자책을 만들면서 저에게도 긍정적인 변화가 생겼습니다.

첫째는 전자책을 만들면서 건강에 관해 더 깊고 더 넓은 전문 지식이 쌓였습니다. 덕분에 저는 유튜브 영상을 찍거나 인스타그램에 건강과 관련된 콘텐츠를 만들 때 더욱 자신감 있게 콘텐츠를 기획할 수 있게 되었습니다.

둘째는 전자책 전문가라는 이미지가 만들어진 것입니다. 저는 전자책을 기획하고 만들 때도 일반 종이책 수준의 내용을 담기 위해 노력했습니다. 여기에 이미지 디자인부터 글자 자간까지 종이책과 똑같이 만들었습니다.

셋째는 입소문과 마케팅 효과입니다. 전자책을 출간하고 나서, 재구매 고객이 늘고 입소문이 나면서 '플랑 다이어트'도 따로 마케팅하지 않아도 매번 품절(Sold Out)되었습니다. 온라인 강의 플랫폼 관계자도 제 전자책을 구매해서 읽어보고 나서 저에게 먼저 온라인 강의를 제안하기도 했습니다.

전자책은 지식 콘텐츠 비즈니스를 하는 분들께는 직접 수익을 만들어낼 수 있는 사업 아이템이기도 합니다. 하지만 돈을 벌기 위해 품질이 낮은 전자책을 만들면, 고객들은 단번에 알아차리고 더는 나를 신뢰하지 않게 될 가능성이 큽니다. 따라서 전자책으로 수익화를 만들 때는 이런 점을 고려해서 나만의 가치가 담긴 품질이 좋은 전자책을 만들어야 합니다.

강의와 강연

인스타그램 운영 노하우와 전자책을 만들면서 쌓인 전문 지식을 사람들에게 공유하면서 자연스럽게 강의와 강연 기회가 늘기 시작했습니다. 처음에 강의를 요청받았을 때는 '과연 이렇게 사소한 내용을 사람들이 궁금해할까?' 하고 고민했습니다. 인스타그램 계정 설정이나 운영에 필요한 기본적인 내용은 인스타그래머라면 모두 다 알고 있다고 생각했기 때문입니다.

막상 강의를 시작하고 보니 사람들이 궁금해하는 것은 일반적인 얘기가 아니라, 엘플랑의 계정이 어떻게 성장했는지, 엘플랑의 장점과 차별점은 무엇인지와 같은 '저만의 이야기'였습니다. 강의를 하면서 자기만의 스토리가 중요하다는 사실을 다시 한번 깨닫게 된 것입니다.

이렇게 시작된 강의 기회는 저를 선택해준 담당자를 통해 전국으로 확장되고 있습니다. 여러분도 나만의 이야기를 전달할 차별화된 경험과 콘텐츠가 준비되어 있다면 언제든지 강의와 강연에 도전해 보기를 바랍니다.

매니쳇을 이용한 효과적인 사전 홍보 방법

매니쳇 기능을 이용하면 공동구매를 할 때 사전 홍보를 좀 더 효과적으로 할 수 있습니다. 매니쳇은 댓글로 공동구매에 관심을 보여주는 분에게 자동 댓글이나 DM으로 전자책이나 유용한 정보를 담은 콘텐츠를 무료로 보내드릴 수 있는 기능입니다. 저는 매니쳇 기능을 이용하여 제 피드에 댓글을 작성한 분들에게 온라인 다이어트 팀을 운영하며 제작했던 건강 다이어트 다이어리 파일을 자동으로 발송해 드렸습니다. 우리는 대부분 먼저 호의를 받은 사람에게 호의를 돌려주고 싶은 마음이 있습니다. 그래서 도움이 필요한 분들에게 먼저 도움을 준다면, 상품을 제안할 때 구매를 할 확률이 더 높아집니다. 다만 매니쳇을 사용할 피드는 진실하고 진솔한 스토리를 담아야 합니다.

공동 구매 사전 홍보를 도와주는 매니쳇

마지막 당부

노력하는 과정이 쌓여
나만의 이야기가 만들어집니다

인스타그램은 단순한 내 이야기가 아니라 자신이 추구하고 목표로 하는 삶을 살기 위해 부단히 노력하는 모습으로부터 시작해야 합니다.

간혹 어떤 사람은 이렇게 반문하기도 합니다 '건강 이야기는 엘플랑님 만의 특별한 이야기는 아니지 않나요?' 맞습니다. 건강을 이야기하는 인스타그래머는 저 말고도 많습니다. 하지만 저는 단순한 건강 정보를 전달하는 사람이 아닙니다. 저는 스스로 암을 극복하기 위해 건강과 관련된 책을 더 많이 읽고, 건강과 관련된 운동을 더 많이 하고, 건강과 관련된 정보를 더 많이 들여다 보았습니다. 이런 제 노력이 저만의 건강 지식 콘텐츠가 되어 지금의 엘플랑을 만들었다고 생각합니다.

한 사람의 특별한 이야기는 눈에 보이는 before와 after 모습에 있는 것이 아니라 before에서 after를 만들어가는 과정에 있습니다. 그 과정을 만들어가는 노력과 모습이 인스타그램의 이야기가 되고 콘텐츠가 되어 사람들의 진심 어린 공감을 이끌어낼 수 있습니다.

여러분도 단순한 지식과 정보를 넘어 자신만의 목표를 향해 부단히 노력하는 모습으로부터 인스타그램을 시작해 보세요. 그 과정 속에서 더 많이 공부하고, 더 많이 고민하고, 더 많이 들여다 보면 반드시 자신만의 이야기가 만들어집니다. 이 이야기야말로 자신만의 소중한 콘텐츠가 되어 인스타그램 계정을 성장시켜 수익화를 만드는 힘이 될 것입니다.

원하는 모습으로 원하는 일을 하면서 경제적 자유를 꿈꾸는 모든 분을 응원합니다.

인스타그램과 오프라인의 시너지 만들기

백곰삼촌

백곰삼촌은 대한민국에서 최초로 장난감으로 행복을 전하는 퍼스널브랜드입니다. 수많은 장난감 가운데 플레이모빌을 좋아하는 분들과 행복한 장난감 놀이 콘텐츠를 공유하면서 수익을 만들고 있습니다.

01

장난감으로 무작정
시작한 인스타그램

다니던 회사가 갑작스럽게 구조조정을 하면서 어쩔 수 없이 회사를 떠나야 했던 5명의 절친 아빠들이 모였습니다. 우리에게는 그럴듯한 사업 아이템도 없었고 그렇다고 자본이 많은 것도 아니어서, 막상 회사에서 떠밀려 나온 후 무엇을 해야 할지 막막하기만 했습니다. 일단 뭐라도 시작해야 할 것 같은 조바심에 월세 55만 원으로 작은 공간을 얻은 다음, 이제부터 뭐 할지를 함께 고민해 보자고 제안했습니다.

'5명이 받던 연봉만 합쳐도 수억 원이었는데 무슨 수로 그런 돈을 벌 수 있을까? 과연 우리가 함께 할 수 있는 비즈니스가 있을까? 우리는 어떤 일을 잘할 수 있을까?'

고민이 깊어만 갔습니다. 그때 가장 나이가 어린 팀원한테

무작정 인스타그램을 시작한 계기가 된 플레이모빌

아이가 태어나면서, 별안간 우리 모두 아빠로서 할 수 있는 일을 찾아보면 좋겠다는 생각이 들었습니다. 마침 제가 대학생 시절부터 열심히 모은 플레이모빌이 떠올랐습니다.

"그래 이거야!"

다음 날 바로 집에 있던 플레이모빌을 모두 챙겨 와서 사무실 책상 위에 올려놓았습니다.

플레이모빌을 처음 본 아빠들은 "이게 뭐예요? 무슨 장난감이에요?"라고 신기해하며 처음 보는 장난감의 매력에 푹 빠져들었습니다.

"오늘은 다른 생각은 잠시 접고, 그냥 이것을 가지고 한 번 놀아보죠! 날도 좋은데 나가서 사진도 찍어보고요"

백곰삼촌

온종일 플레이모빌을 함께 만져도 보고, 조립도 하고, 가지고 놀기도 하면서 조심스럽게 팀원들에게 물어봤습니다.

"우리 이걸로 장난감 콘텐츠 사업을 한번 해 볼까요?"

이전 회사에서 저는 콘텐츠 팀 본부장으로 일하며 콘텐츠를 기획하고 제작하는 일을 했고, 개인적으로 플레이모빌 장난감을 무척 좋아했습니다. 팀원들도 모두 아이가 있는 아빠들이어서 어쩌면 우리가 가장 잘할 수 있는 일일지도 모른다는 근자감이 들었습니다.

"우리가 지금 당장 장난감 제조와 유통은 할 수는 없으니, 이걸로 장난감 유튜브 콘텐츠 비즈니스를 하면 어떨까요? 콘텐츠 기획과 풍부한 마케팅 경험이 있어서 장난감 콘텐츠는 우리가 잘 만들 수 있지 않을까요?"

이렇게 아무 전략도 없이 무작정 회사를 만들고 장난감 콘텐츠를 만들어 유튜브 방송을 시작했습니다. 당시에는 유튜브가 국내에서 이제 막 성장해가는 시기였습니다. 유아용 콘텐츠 광고 수입도 꽤 높았고, 자동차가 미끄럼틀에서 굴려 내려오는 50초 영상이 무려 조회 수 1억을 기록할 만큼 경쟁자라고 할만한 채널도 없었습니다.

우리는 일단 3개월 동안 팔로워 1,000명을 목표로 논 버벌 장난감 놀이 영상을 만들어 유튜브 방송을 시작했습니다. 유튜브 방송을 시작한 지 7개월쯤 되면서 영상 조회 수가 10,000을 넘기자 최초로 광고 수입이 통장에 입금되었습니다.

난생처음 받은 유튜브 광고 수익으로 감동의 회식을 했습니다. 하지만 이 기쁨도 잠시였습니다. 유아용 콘텐츠 수익 배분에 관한 유튜브 정책이 갑자기 바뀌면서, 어린이를 대상으로 만든 장난감 콘텐츠에 대한 수익을 기대할 수 없게 되었습니다. 전혀 예상하지 못한 상황이 발생한 것입니다. 이미 초기 투자금의 70%를 소진한 상황이라 앞으로 어떻게 헤쳐나가야 할지 막막했습니다.

궁여지책으로 그동안 콘텐츠 제작을 위해 하나둘 사서 한쪽 구석에 쌓아둔 장난감을 팔아 월세라도 마련하자는 심정으로 장난감 판매 채널을 만들고, 장난감을 판매하기 시작했습니다. 그러나 유튜브 콘텐츠를 기획하는 것과 제품을 판매하는 일은 성격이 전혀 달랐습니다. 적잖은 거래 보증금을 요구하거나 상당한 개런티 수량을 거래 조건으로 제시하는 장난감 브랜드가 많았습니다. 한두 브랜드의 장난감을 이런 조건으로 매입하다 보면, 재고 리스크로 또 한 번 넘어질 수도 있겠다는 불안감이 들었습니다. 심지어 인기가 좋은 장난감은 기존 판매처에서 대량으로 선매수를 해버려서, 저희처럼 듣보잡 판매자에게는 매수 기회조차 없었습니다. 경험도 부족한 온라인 판매를 해야 했기에 많은 재고를 보유하는 것은 그만큼 위험이 컸습니다.

고민 끝에 장난감을 직접 판매하기보다는 양질의 장난감 콘텐츠를 기획하여 브랜드를 구축하고, 이를 토대로 장난감 판매를 시작하는 것이 가장 현실적이라는 결론을 내렸습니다. 이제껏 누구도 도전하지 않았던 장난감 콘텐츠를 기획하여 인스타그램에 포스팅하는 무모한 도전을 하기로 한 것입니다.

이제 '백곰삼촌'으로 인스타그램을 시작한 지도 어느덧 3년이 흘러 이제 4학년이 되었습니다. 돌이켜 보면, 서른 중반이 넘은 나이에 사업 비전과 수익에 대한 아무런 대안도 없이 무작정 인스타그램을 시작한다는 것은 참으로 무모한 도전이었습니다. 무엇보다 처음 시작할 때는 장난감을 주제로 인스타그램에서 무엇을 공유해야 할지 몰라 모니터만 바라보던 때도 많았습니다. 단순히 장난감의 기능과 안전성만을 이야기하는 것도 아닌 것 같았고, 부모로서 좋은 장난감을 소개하는 것도 아닌 것 같았으며, 좋은 장난감을 잘 팔기 위해 노력하는 사람이 되는 것도 아닌 것 같았습니다. 유튜브의 정책 변화로 새로운 대안을 모색하는 과정에서 어쩔 수 없이 시작한 백곰삼촌 인스타그램 계정은, 수많은 시행착오를 거쳐 시간이 흐르면서 운이 좋게도 회사의 중요한 플랫폼으로 자리를 잡았습니다.

많은 분이 저에게 장난감 콘텐츠만으로 인스타그램 계정을 성장시킨 특별한 방법이 무엇인지 자주 묻곤 합니다. 그럴 때마다 저는 "제 인스타그램은 특별한 전략이 없는 것이 가장 큰 전략입니다."라고 대답합니다. 백곰삼촌의 인스타그램 성장 비결은 말 그대로 오프라인에서 일어나는 브랜딩 활동을 온라인 콘텐츠로 만들어 인스타그램을 통해 지속해서 공유한 것이었습니다. 한 마디로 오프라인 브랜딩 활동과 온라인 콘텐츠를 부단히 연결하고 다듬는 과정이었습니다.

02

콘텐츠 차별화를 위한
브랜드 이름과 슬로건

처음 유튜브 채널을 운영할 때는 글로벌 키즈 시청자를 핵심 고객으로 잡았습니다. 그리고 브랜드 이름이나 슬로건 보다는 개별 영상을 잘 만드는 것이 더 중요하다고 생각해, 장난감 놀이 영상 콘텐츠를 제대로 만드는 데 집중했습니다. 하지만 유튜브와 다르게, 인스타그램에서는 회사 브랜드를 알리는 것을 목표로 삼았기 때문에, 이름과 슬로건을 좀 더 신중하게 고민했습니다.

팀원들과 좋은 이름을 짓기 위해 이리저리 고민하던 어느 날, 함께 점심을 먹던 팀원이 저에게 이렇게 말했습니다.

"인스타그램에서 대표님이 직접 캐릭터가 되어서 활동하면 좋겠어요. 본인이 직접 캐릭터가 되어서 활동하면, 팔로워뿐 아니라 앞으로 만날 장난감 파트너사의 신뢰도 함께 얻을 수 있다고 생각해요. 188cm의 키와 피지컬을 캐릭터에 잘 녹여 이름을 지으면 쉽게 잊히지 않을 것 같은데요"

"나보고 부캐를 만들라고?"

"네 맞아요. 직접 해보세요. 저는 회사 대표가 직접 브랜딩을 해야 한다고 생각해요. 회사 이름으로 공식 오피셜 계정을 만들면, 계정 성장에도 한계가 있을 뿐 아니라 팔로워와 소통도 쉽지 않아요. 사람들은 브랜드가 아니라 브랜드를 만들어가는 사람과 직접 소통하고 싶어 하거든요."

"이름은 대표님의 별명인 '백곰'과 사람들에게 친밀하게 다가갈 수 있는 '삼촌'을 합쳐서 '백곰삼촌'으로 하면 어떨까요? 왠지 푸근하고 장난감 이미지에도 잘 어울리지 않을까요?"

백곰삼촌이라는 이름은 이렇게 한 팀원의 뜻밖의 제안으로, 어릴 적 제 별명인 '백곰'과 푸근함을 연상하게 하는 '삼촌'의 절묘한 콜라보로 탄생했습니다. 처음에는 어색했지만, 실제로 저를 만난 분들은 저의 큰 덩치와 하얀 피부를 보고 백곰삼촌이라는 이름이 너무 제 캐릭터와 잘 어울린다고 합니다.

백곰삼촌이라는 이름을 정하고 나자, 앞으로 우리가 어떤 장난감 콘텐츠를 만들고 어떤 가치를 담아야 할지 고민이 되었습니다.

‘우리가 장난감을 통해서 사람들과 진심으로 공유하고 싶은 것이 무엇일까?’

어릴 적 장난감을 가지고 날밤을 새우던 기억과 아이와 함께 장난감을 가지고 놀던 행복한 시절의 기억을 소환하면서, 백곰삼촌이라는 퍼스널브랜드가 앞으로 공유할 브랜드 콘셉트와 가치가 무엇이어야 할지 서로 수많은 얘기를 나눴습니다. 장난감에 얽힌 각자의 추억을 나누다 보니, 어느 순간 우리가 장난감 콘텐츠로 사람들과 나누고 싶은 이야기가 어쩌면 ‘장난감을 통한 행복 이야기가 아닐까?’라는 결론에 이르렀습니다. 우리가 만드는 장난감 콘텐츠를 통해서 아이와 부모뿐 아니라 장난감을 좋아하는 모든 이가 행복을 느낄 수 있다면 좋겠다는 소박한 바람이었습니다. 이런 바람을 담아 한 팀원이 ‘백곰삼촌은 행복을 전하는 장난감 가게 아저씨다!’라는 멋진 카피를 만들었습니다.

이렇게 탄생한 ‘백곰삼촌_행복을 전하는 장난감 가게 아저씨’라는 이름과 슬로건은 장난감이 없는 장난감 회사를 운영하면서 고객에게 만족과 행복을 전하기 위한 우리의 진심을 담은 문장이 됐습니다. 그리고 ‘행복을 전하는 장난감 가게 아저씨’라는 슬로건은 장난감을 통해 저를 만난 모든 분이 행복한 경험을 느낄 수 있도록 하는 백곰삼촌의 퍼스널브랜딩 활

백곰삼촌의 브랜드 이름과 슬로건

동의 나침반이 됐습니다. 백곰삼촌이라는 제 브랜드의 가치와 컨셉을 슬로건으로 정하고 나자, 앞으로 제가 인스타그램에 어떤 콘텐츠를 공유해야 할지 명확해졌습니다.

만약 당시에 저 자신을 단지 장난감 크리에이터나 장난감을 많이 파는 퍼스널브랜드로 정의했다면 어땠을까요? 지금처럼 장난감 리뷰나 공동구매, 콘텐츠 제작, 오프라인 모임과 같은 다양한 활동을 하면서, 사람들과 '행복'이라는 가치가 담긴 일관된 콘텐츠와 메시지로 소통하지는 못했을 것입니다. 백곰삼촌이 지향하는 '행복을 전하는 장난감 가게 아저씨'라는 명확한 기준이 있었기에, 콘텐츠를 만들 때나 오프라인에서 장난감 클래스를 운영할 때, 장난감을 관련 단체에 기부할 때, 부단히 '장난감을 통한 행복'을 전달하고자 노력했습니다.

이러한 가치를 담은 활동과 콘텐츠는 제가 포스팅하는 모든 콘텐츠에 의미와 신뢰를 더하면서, 자연스럽게 백곰삼촌을 차별화된 퍼스널브랜드로 인식하게 했습니다. 어찌 보면 '백곰삼촌_행복을 전하는 장난감 가게 아저씨'라는 한 문장이야말로 제가 1년 365일 지치지 않고 행복한 장난감 콘텐츠를 포스팅할 수 있는 진짜 비법일지도 모릅니다.

백곰삼촌의
인스타그램 운영 전략

오프라인 활동을 인스타그램 콘텐츠로 포스팅하기

저는 백곰삼촌이기에 앞서 장난감 콘텐츠 회사를 운영하는 대표입니다. 창업한 회사가 살아남기 위해서는 인스타그램 운영도 중요하지만, 새로운 수익모델과 효과적인 마케팅 방법도 찾아야 합니다. 절대 쉽지 않은 과제를 풀어가야 하는 상황에서 인스타그램을 어떻게 운영해야 할지 고민이 되기 시작했습니다.

무엇보다도 당장 인스타그램에 포스팅할 콘텐츠부터 문제였습니다. 이전 회사에서 콘텐츠 팀을 이끌면서 온라인 콘텐츠를 만들 때 어마어마한 에너지가 든다는 것을 경험으로 이미 알고 있었지만, 막상 인스타그램을 시작해보니 콘텐츠를 주기적으로 포스팅하는 일이 쉽지 않았습니다. 매일매일 끊임없이 새로운 콘텐츠를 기획하고 포스팅하는 것이 큰 압박으로 다가오면서, 문득 한 가지 의문이 들었습니다.

'과연 내가 백곰삼촌이라는 부캐로 인스타그램을 하는 목적이 무엇일까? 인스타그램 활동이 인스타그램을 위한 인스타그램이 아니라 수익을 만들고 회사를 성장시키는 데 도움이 되어야 하지 않을까? 만약 이것에 도움이 안 된다면, 굳이 인스타그램을 해야 할 이유가 있을까?'

질문과 고민을 거듭하자 마침내 제가 백곰삼촌으로 인스타그램을 해야 하는 목적과 의미가 좀 더 분명해졌습니다. 지금과 마찬가지로 당시에도 백곰삼촌의 주요 사업 기반은 오프라인 활동이었습니다. 그렇다면 인스타그램에서 새로운 고객을 만드는 것도 중요하지만, 이미 오프라인에서 저를 만난 고객과의 관계를 확대하고 강화하는 것이 인스타그램의 중요한 역할이지 않겠냐는 결론에 이르렀습니다.

이렇게 인스타그램의 활동 목적을 확실하게 정하고 나자 인스타그램 콘텐츠를 어떻게 기획할지도 명확해졌습니다. 굳이 인스타그램에 포스팅할 콘텐츠를 새로 창작할 필요가 없었습니다. 나아가 콘텐츠를 유형별로 구분하여 특성에 맞게 재구성하거나 새롭게 기획할 필요도 없었습니다. 그냥 오프라인에서 사람들과 함께 하는 백곰삼촌의 활동을 인스타그램에서 공유하는 것이 가장 효율적인 인스타그램 콘텐츠 운영 전략임을 깨달았습니다. 대신에 오프라인 활동을 인스타그램 콘텐츠로 포스팅할 때 지켜야 할 콘텐츠 운영 원칙을 세웠습니다.

① 활동의 결과물보다는 오프라인 클래스를 정성을 다해 준비하는 과정을 공유하기

② '좋아요'나 '댓글'과 같은 반응은 생각하지 말고, 일단 내가 즐겁고 행복한 활동을 꾸준히 공유하기

③ 내가 좋아야만 행복한 콘텐츠를 만들 수 있으므로, 무엇보다 내가 행복을 느끼는 것을 공유하기

이렇게 세 가지 원칙을 정하고 나서, 콘텐츠를 주기적으로 일정하게 포스팅하려면 무엇보다 제 오프라인 활동을 체계적으로 정리할 필요가 있었습니다. 이때 앤디파파님이 알려준 '콘텐츠 마이닝 노트'와 '월 콘텐츠 관리표'가 많은 도움이 됐습니다.

콘텐츠 마이닝 노트

Time act	환경	역할	A.기록
04:00 ~ 08:00	집	-	-
08:00 ~ 09:00	집	남편	아들 등교시키기
09:00 ~ 10:00	사무실	인플루언서	라이브 커머스 방송 준비
10:00 ~ 11:00	파트너사	인플루언서	라이브 커머스 장소 이용
11:00 ~ 12:00	파트너사	인플루언서	라이브 커머스 진행
12:00 ~ 13:00	회사	-	점심 먹고 잠시 산책
13:00 ~ 14:00	파트너사	클래스 강사	플레이모빌 키링 만들기 클래스 준비
14:00 ~ 15:00	파트너사	클래스 강사	플레이모빌 키링 만들기 클래스 이용
15:00 ~ 16:00	파트너사	클래스 강사	플레이모빌 키링 만들기 클래스 진행
16:00 ~ 17:00	파트너사	클래스 강사	플레이모빌 키링 만들기 클래스 진행
17:00 ~ 18:00	사무실	-	회사 복귀
18:00 ~ 19:00	사무실	인플루언서	신제품리뷰 영상 촬영
19:00 ~ 20:00	사무실	-	퇴근
20:00 ~ 21:00	사무실	남편	일
21:00 ~ 22:00	사무실	남편	일
23:00 ~ 24:00	집	남편	취침

＊콘텐츠 발견	콘텐츠 찾기	① 아들 등교시키는 모습 ② 라이브 커머스를 준비하고 실행하는 모습 ③ 플레이모빌 키링 만들기 클래스 ④ 신제품 촬영 리뷰 영상
＊콘텐츠 정의	콘텐츠 성격	A. 루틴 콘텐츠 (1번,4번) B. 정보성 콘텐츠 (2번,3번,4번) C. 오리지널 콘텐츠 (2번,3번,4번)
＊콘텐츠 종류	A.루틴형 콘텐츠	① 매일아침 등교시키는 모습 / 아빠의 모습을 사람들과 공유해보자
	B.참여형 콘텐츠	＊ 라이브커머스 사전 이벤트를 콘텐츠로 녹여내 보자
	C.정보성 콘텐츠	②,③,④ 장난감 업계에서는 나만이 하는 것이니 누군가에게는 정보성 콘텐츠가 될 수도 있다.
	D.오리지널 콘텐츠	②,③,④ 우리나라에서 유일하게 장난감을 소재로 라이브/클래스/리뷰 모두 하니까 가능할 것 같음

백곰삼촌의 콘텐츠 마이닝 노트

콘텐츠 마이닝 노트로 제 일상을 정리했더니, 저의 주요 활동은 플레이모빌 클래스 준비와 라이브 방송 준비, 파트너사와의 협업 미팅, 신제품 리뷰 등으로 나타났습니다. 이렇게 모든 활동을 한눈에 정리하고 보니, 이것 외에 따로 콘텐츠를 기획할 필요가 없다는 사실을 새삼 확인했습니다. 나아가 어떤 콘텐츠를 언제 어떻게 공유할지와 콘텐츠 메시지도 쉽게 정리할 수 있었습니다. 무엇보다 가장 큰 선물은 '콘텐츠 마이닝 노

오프라인 기반의 월별 콘텐츠 관리표						
일요일	월요일	화요일	수요일	목요일	금요일	토요일
	라이브 커머스	외부 클래스	전시회 준비	새상품 리뷰	클래스 준비	
	전시회 준비	전시회 준비	외부 미팅 기록	플레이모빌 커스텀	전시회 준비	
플레이모빌 리뷰	라이브 커머스	전시회 오픈	외부 클래스	전시회 오픈	전시회 오픈	플레이모빌 키링 클래스
	플레이모빌 키링 테스트	외부 미팅 기록	클래스 준비	라이브 커머스	클래스 준비	
	외부 클래스	클래스 준비	플레이모빌 키링 테스트	클래스 준비	클래스 준비	

백곰삼촌의 월 콘텐츠 관리표

트'와 '월 콘텐츠 관리표'를 통해서 새로운 콘텐츠를 기획하는 데 쏟는 에너지와 스트레스를 줄일 수 있다는 점입니다.

'콘텐츠 마이닝 노트'와 '월 콘텐츠 관리표'를 정리하고 나서 얻은 또 하나의 소득은 개별 오프라인 활동을 좀 더 세부적으로 들여다볼 수 있게 되었다는 점입니다. 이전까지는 간과했던 중요한 사실을 발견할 수 있었습니다. 예를 들어, '플레이모빌 키링 만들기 클래스'에서 수업 과정과 결과뿐 아니라 준비부터 마무리까지 무려 7개의 세부 과정이 있다는 것을 알았습니다. 그리고 이것을 토대로 아래와 같이 7개의 인스타그램 콘텐츠를 만들 수 있다는 사실을 발견하고 스스로 놀라기도 했습니다.

- 플레이모빌 클래스를 준비하는 부자재를 구매하는 모습
- 새로운 키링 개발 소식
- 완성된 키링을 테스트하는 모습
- 클래스를 시작하기 전에 클래스룸을 정리하고 고객들을 기다리는 모습
- 클래스 수업 시간에 고객들이 작품을 만들고 있는 모습
- 고객들이 완성한 플레이모빌 작품
- 고객들이 남겨준 리뷰

백곰삼촌 공방의 플레이모빌 클래스

하나의 클래스를 진행할 때마다 대략 7개의 콘텐츠 소스가 생겨나고 매주 2회 클래스를 진행한다고 가정하면, 14개의 콘텐츠를 큰 어려움 없이 포스팅할 수 있게 된 셈입니다. 이렇게 '콘텐츠 마이닝 노트'와 '월 콘텐츠 관리표'로 정리한 일상을 다양한 콘텐츠로 담아 인스타그램에 지속해서 포스팅한 결과, 저처럼 장난감을 좋아하는 분들이 백곰삼촌 인스타그램 피드로 모여들고 많은 오프라인 클래스 참여하는 분들에게 신뢰도 얻었습니다. 콘텐츠가 쌓이고 팔로워들과의 신뢰 관계가 만들어지면서 놀라운 변화가 생겨나기 시작했습니다. 이제껏 넘사벽처럼 느꼈던 대기업이나 브랜드사로부터 브랜드 협찬이나 협업 제안이 들어오기 시작한 것입니다.

일상에서 쉽게 콘텐츠를 만들 수 있는 환경을 만들기

저한테는 일상이 바로 콘텐츠의 소재가 될 수 있는 환경과 관계를 만들어가는 것이 매우 중요합니다. 이유는 백곰삼촌의 콘텐츠는 단순히 제품을 소개하는 것이 아니기 때문입니다. 백곰삼촌은 '행복을 전하는 장난감 가게 아저씨'라는 슬로건처럼 행복을 주제로 다양한 장난감 이야기를 다루고 있습니다. 제품을 판매하는 퍼스널브랜드는 판매할 제품이 바로 콘텐츠 소스입니다. 하지만 백곰삼촌은 '행복한 경험'을 사람들과 공유하고, 이를 토대로 수익을 만들어가는 퍼스널브랜드이기 때문에, 일상에서 행복을 느끼고 경험하는 콘텐츠가 자연스럽게 나오는 환경을 만들어나가지 않으면, 지속해서 콘텐츠를 포스팅할 수 없습니다.

이런 이유로 저는 백곰삼촌이 추구하는 가치에 부합하는 콘텐츠 소스가 일상에서 자연스럽게 나올 수 있는 환경을 만들어 왔습니다. 그 중의 하나가 바로 사무실입니다. 제가 일하는 사무실을 방문해 본 분들은 좁은 공간에 전시된 수백개의 플레이모빌을 보고 눈이 휘둥그레집니다.

비록 작고 비좁지만, 사무실 전체가 장난감으로 가득 차 있어서, 언제든지 '행복한 장난감 콘텐츠'를 바로 만들 수 있습니다. 예를 들어, 정보성 콘텐츠로 신제품을 리뷰하거나, 사무실

백곰삼촌의 사무실 환경

에서 진행하는 키링 클래스 활동, 플레이모빌을 커스텀하는 과정을 스토리나 릴스로 언제든지 제작할 수 있습니다.

또 제가 움직이는 모든 곳은 장난감과 관련되어 있어서 이런 주변 환경을 통해서 필요한 콘텐츠 소스를 언제든지 쉽게 발굴할 수 있습니다. 따라서, 외부 강의나 클래스뿐 아니라 장난감 관련 이벤트나 행사 등 모든 활동이 백곰삼촌의 행복한 장난감 콘텐츠의 소스가 됩니다.

365일 언제든지 제가 원하는 콘텐츠를 만들어 포스팅할 수 있는 환경을 꾸준히 만들어 왔기 때문에, 저는 백곰삼촌의 '행복을 전하는 장난감' 콘텐츠를 인스타그램에 지속해서 포스팅할 수 있습니다. 이는 비단 저만의 이야기가 아니라고 생각합니다. 오프라인에서 비즈니스를 활발하게 하고 계신 대표님들, 특히 매일 고객을 직접 만나는 서비스업을 운영하는 분들이라면, 일상에서 콘텐츠를 확보하기 위한 환경과 관계를 만들어나가기를 바랍니다. 이렇게 하면, 일상의 콘텐츠로 인스타그램 콘텐츠를 바로바로 포스팅하여 계정을 성장시킬 수 있을 뿐 아니라, 고객과의 탄탄한 유대감과 신뢰감도 형성할 수 있습니다.

경험을 공유하는 퍼스널브랜드는 콘텐츠 소스가 고갈되면, 그때부터는 콘텐츠를 창작하게 되면서 나에게 없는 모습을 억지로 만들어야 합니다. 이것은 자신의 진정한 모습이 아니기 때문에 오래갈 수 없고, 결국에는 원하지 않은 결과를 초래할 수도 있습니다. 퍼스널브랜드가 인스타그램에서 브랜딩을 한결같이 지속하려면, 내 분야의 전문성을 갖추고 이를 토대로 콘텐츠를 만들어 공유해야 합니다. 그렇게 하려면 무엇보다 자신의 일상이 바로 콘텐츠로 연결될 수 있는 환경을 만드는 것도 중요합니다.

작은 만남도 포스팅 기회로 발전시키기

오프라인에서의 작은 만남도 빠뜨리지 않고 포스팅하면, 새로운 기회로 발전할 수 있습니다. 저는 오프라인에서의 만남을 빠뜨리지 않고 인스타그램 콘텐츠로 만들어 포스팅합니다. 라이브 커머스를 진행하면서 만난 쇼호스트와 관계자분들, 장난감 나눔을 하면서 만난 아이들, 키링 클래스를 찾아와 주신 고객분들과의 소중한 만남을 모두 사진으로 남겨 인스타그램에 공유합니다. 이렇게 활동이 기록이 되고 만남이 인연이 되어 출판사 대표님을 소개받았습니다. 그리고 이 출판사 대표님과 함께 우리나라 최초의 플레이모빌 전문 서적을 출판할 수 있게 되었습니다. 제가 계속 꿈꿔왔던 플레이모빌 책이 연결이라는 힘을 통해 세상에 나올 수 있게 된 것이죠.

오프라인에서 크고 작은 만남의 순간을 인스타그램에 포스팅하고 계정을 태그하면, 자연스럽게 이분들이 제 인스타그램 피드에 찾아와 댓글로 안부도 묻고, 다른 지인에게 백곰삼촌이라는 캐릭터를 소개하곤 합니다. 물론 저도 팔로잉을 하고, 직접 인스타그램 프로필에 찾아가 댓글로 '오늘 미팅 감사했습니다', '시간 되신다면 방문을 부탁드립니다'라고 하면서 적극적으로 소통합니다. 제가 이렇게 오프라인에서 만난 소중한 인연을 인스타그램에 포스팅하는 이유가 단순히 백곰삼촌의 활동을 홍보하기 위함이 아닙니다. 비록 작지만, 이런 소중한 노력이 쌓여서 서로 관계를 돈독히 하고, 새로운 관계를 만들고, 더 큰 기업과의 협업으로 나아가게 하는 데 도움이 되기 때문입니다. 이렇게 오프라인에서의 소중한 만남을 인스타그램에 기록하는 것만으로도 새로운 연결과 새로운 관계를 시작하는 데 큰 도움이 될 수 있습니다.

04

백곰삼촌의
인스타그램 마케팅 전략

기다리는 마케팅

퍼스널브랜딩은 나만의 가치를 브랜딩하여 팔로워와 돈독한 관계를 만들어가는 것입니다. 하지만 나만의 가치를 인지하고 공감하는 사람들이 모이고, 이들과 돈독한 관계가 만들어지려면 어느 정도 시간이 필요합니다. 섣부르게 수익을 좇거나 마케팅을 시도한다면, 일시적으로는 급성장을 할 수 있지만, 탄탄한 퍼스널브랜드로 성장할 수 없습니다. 섣부른 수익화나 마케팅보다는, 작게 시작하여 내가 가진 무기를 점점 더 고도화하면서 전문성과 서비스의 완성도를 높여가는 것이 중요합니다. 이것이 바로 백곰삼촌의 기다리는 마케팅입니다. 한 마디로 기다리는 마케팅이란 성급하게 판매나 수익화를 시도하기보다는 자신이 추구하는 가치를 팔로워와 지속해서 공유하며 퍼스널브랜드의 정체성과 차별성을 공고히 하는 것입니다.

전문성과 완성도가 높은 콘텐츠와 서비스를 제공할 수 있다면, 특별한 마케팅을 하지 않아도 자연스럽게 계정이 성장하면서 더 많은 팔로워를 만날 수 있게 됩니다. 저 역시 어느 순간, 이렇게 모인 팔로워분들이 남긴 100개가 넘은 진정성 있는 리뷰를 통해 온라인과 오프라인에서 여러 브랜드사와 협업을 할 수 있는 기회가 찾아오기 시작했습니다. 만약 처음부터 욕심을 부리면서 곧바로 브랜드사를 상대하려 했다면 불가능했을 것입니다. 백곰삼촌이 추구하는 가치를 나침반 삼아서 인스타그램에서 저만의 전문적인 콘텐츠를 공유하고, 오프라인에서 팔로워와의 관계를 돈독히 하면서 전문성과 서비스의 완성도를 높여갔더니, 진정한 리뷰가 쌓이고 입소문이 나면서 저절로 저에게 더 큰 기회가 찾아온 것입니다.

온·오프라인의 시너지

퍼스널브랜드가 계정의 성장뿐 아니라 수익화를 생각할 때, 대부분 인스타그램에 포스팅하는 콘텐츠만을 중요하게 생각합니다. 하지만 저는 플랫폼을 다양하게 확장하고 연결하는 외부 활동 또한 콘텐츠 못지않게 중요하다고 생각합니다. 나만의 가치와 차별화된 콘텐츠가 있다면, 이를 바탕으로 인스타그램을 넘어 다양한 외부 플랫폼을 통해 나를 알리고, 이를 다시 인스타그램 계정 성장으로 연결해 나가면 새로운 수익모델을 만들 수 있기 때문입니다.

이런 구조를 저는 M2B2C 라고 이름을 붙였습니다. 나(M)로 시작해서 다른 플랫폼과 브랜드사(B)와 함께 고객(C)을 만나는 전략입니다.

저는 '솜씨당'이라는 모임 애플리케이션과 다양한 협업을 통해서 팔로워분들과 새로운 관계를 만들면서 성장을 도모

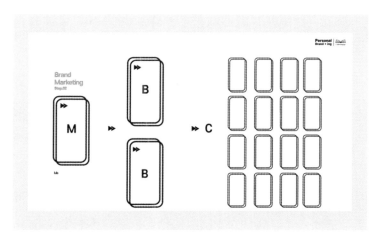

백곰삼촌의 M2B2C 수익모델

하고 있습니다. 매주 공방에서 20명~30명이 모여 함께 플레이모빌 키링을 만드는 원데이 클래스를 꾸준히 진행합니다. 원데이 클래스를 통해서 서로 신뢰가 쌓이면서 수업이 끝날 때 인스타그램 팔로잉을 요청하면, 많은 분이 흔쾌히 수락해주시고 응원도 해주십니다.

저는 신세계백화점과 11번가, 네이버에서 진행하는 라이브 커머스 방송을 통해서도 새로운 고객을 계속해서 만나고 있습니다. 특히 어린이날과 크리스마스 시즌에 많은 방송을 합니다. 방송 마지막에는 오늘 방송을 위해 어떤 준비를 했고, 어떤 혜택을 더 드리기 위해 노력했는지 꼭 시청자분들께 말씀을 드리면서, 제 인스타그램을 방문해 응원해달라고 부탁드립니다. 그러면 신기하게도 방송이 끝나고 수백 명의 팔로워가 늘어나는 놀라운 경험을 하곤 합니다.

하지만 단순히 외부 채널에 출연하기만 한다고 저절로 팔로워가 늘어날 수 있을까요? 저는 아니라고 생각합니다. 플레이모빌 키링 클래스를 진행하면서 저는 항상 오신 분들께 어떻게 하면 좀 더 많은 도움을 드릴 수 있을지 생각하고 준비합니다. 우리가 잘 되는 식당에 가면 사장님이 손님들에게 뭐라도 하나 더 내어드리려고 애쓰는 모습을 보곤 합니다. 저는 퍼스널브랜딩도 마찬가지라고 생각합니다. 내가 가진 것을 하나라도 더 내어주려는 태도가 제가 여기까지 성장하는 데 큰 도움이 되었다고 생각합니다. 실제로 기업 워크숍에 나가서도 만약 오늘 만든 플레이모빌 키링 부품에 문제가 생기면, 무상으로 수리를 해주겠다고 안내합니다. 만약 제가 여기에 들어가는 비용과 에너지를 생각한다면 이렇게 말하지는 못했을 겁니다.

저는 브랜드 파트너사의 라이브 커머스에도 적극 출연합니다. 제 역할은 쇼 호스트가 아니라 플레이모빌 전문가로서 제품에 관해 자세하게 알려주는 조언자입니다. 전문성을 바탕으로 브랜드에 대해 세세하게 설명하고 유용한 정보를 제공하기 때문에 시청자들이 백곰삼촌의 새로운 팔로워로 전환했다고 생각합니다.

이렇게 제 전문성을 바탕으로 적극적인 외부 활동을 하면서 외부에서 만난 사람들을 인스타그램으로 다시 모이게 하는 것이 백곰삼촌 계정의 성장 비결입니다.

찐팬들의 진정성 있는 리뷰

인스타그램뿐 아니라 다양한 플랫폼에 올라오는 '진정성'이 있는 고객 리뷰는 백곰삼촌의 가장 큰 자산입니다. 리뷰가 최고의 마케팅 전략이라는 사실은 누구도 부인하지 않습니

라온0803
2024.02.17

만족한 수강생

[모임] 1만명 어른이들의 백곰삼촌, Lucky Myself 2023행운의 키링

너무너무 친절하고 유쾌한 선생님덕분에
즐거운 시간 보냈습니다
정말 하나라도 더 챙겨주시는 모습에
너무 감동했어요 감사합니다🥹

아이와함께했는데 어려움 하나없이
잘만들고 아이는 시간가는게 너무아쉬워했네요
다음에 또 하러오자며😊😊

정말 강추하는 수업입니다👍👍
선생님 감사해요 다음에또뵐게요

신고하기

도움이 되었어요 1

조그만불난쭈닭3
2024.02.18

만족한 수강생

[모임] 1만명 어른이들의 백곰삼촌, Lucky Myself 2023행운의 키링

백곰삼촌님께서 키링을 만드는 과정을 차근차근 설명해주셔서 어렵지
않았고 제가 손이 느린데도 기다려주셔서 정말 감사했습니다. 플레이
모빌에 대해 많은 것을 알게 되었고 시간 가는 줄 모르고 즐겁게 나만의
키링을 만들었어요~! 2024년의 소중한 추억이 하나 더 생겨서 뿌듯합
니다😊 키링 소중히 잘 들고 다닐게요! 다른 플레이모빌도 TV 옆에 두
었는데 볼 때마다 절로 미소가 지어지네요ㅎㅎ 조만간 나만의 피규어
도 만들러 가겠습니다😁

신고하기

도움이 되었어요 1

백곰삼촌 키링 클래스 리뷰

다. 팔로워나 고객이 자신의 브랜드 경험을 다른 사람에게 공유하는 것은 퍼스널브랜드에 가장 큰 마케팅 무기이기 때문입니다.

저는 팔로워뿐만 아니라 오프라인 클래스에 참여한 분들에게 제가 추구하는 '행복을 전하는 장난감'이라는 가치를 전하고 경험할 수 있도록 진심으로 노력을 기울였습니다. 그러자 어느 순간 진정성 있는 리뷰가 쌓이면서 장난감을 좋아하는 사람들에게 백곰삼촌을 알리고, 제 계정에 대한 대한 긍정적인 인식을 하게 했습니다. 실제로 네이버와 인스타그램에는 백곰삼촌의 장난감 클래스 경험에 대한 많은 이야기가 후기로 올라와 있어서, 사람들은 대부분 이러한 리뷰를 확인하고 클래스를 신청합니다. 나아가 기업에서는 다양한 협업 제안을 하곤 합니다.

진정성 있는 리뷰가 올라오는 비결이 무엇일까요? 저는 평범하면서도 지극히 상식적인 것에 답이 있다고 생각합니다. 자신만의 가치를 지속해서 실천하고 이를 공유하는 것입니다. 일시적으로 물건을 팔기 위해서나 수익을 위한 방편으로 온라인 콘텐츠를 포스팅하거나 오프라인 모임을 진행한다면, 단기적으로 효과가 있을지 모르지만, 결코 건강한 리뷰가 쌓일 수 없습니다.

특히 저처럼 지식이 아니라 행복이라는 경험을 판매하는 퍼스널브랜드는 자신만의 가치를 실천하고 이를 공유하는 것이 무척 중요합니다. 자신만의 가치를 찾고 이를 지속해서 실천하고 공유하는 것은 어찌 보면 당연하고 가장 쉬워 보이지만, 실제로는 가장 실천하기 어렵습니다. 이 때문에 누구나 인스타그램으로 퍼스널브랜딩을 시작할 수는 있지만, 아무나 성공하는 퍼스널브랜드가 되기는 쉽지 않다고 생각합니다.

05

백곰삼촌의 수익화 원칙과
수익모델

백곰삼촌의 수익화 원칙

백곰삼촌의 수익모델은 콘텐츠를 통해서 경험을 판매하는 것입니다. 곧 플레이모빌 키링 만들기 클래스부터 나만의 커스텀 피규어를 만드는 클래스까지, 제품을 판매하는 것이 아니라 플레이모빌을 통해 행복한 시간을 경험할 수 있는 콘텐츠로 수익을 만들고 있습니다. 제가 처음부터 행복한 경험 콘텐츠를 판매할 수 있었던 것은 아닙니다. 현재의 수익모델이 모습을 제대로 갖추기까지 수많은 시행착오를 겪었습니다. 그러면서 제 나름대로 안정적인 수익화를 위해 반드시 마음에 새길 원칙도 생겼습니다.

① 한눈팔지 않기

인스타그램 계정이 성장할수록 다양한 브랜드사에서 협업 제안과 공동구매 연락이 왔습니다. 어떤 날은 아이들이 좋아하는 캐릭터가 나오는 컵라면으로 라이브 판매를 해보지 않겠느냐는 제안을 받았고, 또 어떤 날은 떡볶이를 판매해 보지 않겠느냐는 제안도 받았습니다. 당시 제 처지에서는 상당히 매력적인 제안이었습니다. 만약 이러한 제안을 받아들여 공동구매나 라이브 방송을 진행하면 적지 않은 돈을 벌 수 있겠다는 생각이 들기도 했지만, 섣부른 유혹을 물리치고 제가 지향하는 가치와 콘셉트에 부합하지 않는 제안은 모두 거절했습니다. 이유는 지금 당장의 수익보다도 브랜드 아이덴티티를 지켜나가는 것이 장기적으로 백곰삼촌의 성장에 더 큰 도움이 될 것이라고 확신했기 때문입니다.

② 무조건 작게 시작하기

퍼스널브랜딩 초기에는 지나치다고 느낄 만큼 차별화와 유니크함에 집중해야 한다고 생각합니다. 이렇게 해야 찐팬이 생기고 그래야 찐팬의 진심 어린 후기와 리뷰가 쌓이면서 새로운 기회가 생깁니다. 느리더라도 초기에는 작게 집중하는 전략, 곧 차별화와 유니크함에 집중하는 것이야말로 퍼스널브랜드가 생명력을 길게 가져갈 수 있는 가장 안전한 방법이라고 생각합니다.

지금 저는 한 번에 수십 명에서 수백 명까지 플레이모빌 키링 클래스를 진행합니다. 물론 처음부터 이렇게 할 수는 없었습니다. 처음 몇 년은 소수의 인원을 대상으로 키링 클래스를 진행하면서 노하우와 경험을 키웠습니다. 소규모 클래스에서는 어떤 이슈가 생길 때 충분히 대처할 수 있지만, 수백 명 규모의 대규모 클래스를 진행할 때는 그렇게 하기가 어렵기 때문입니다. 나아가 소규모 키링클래스 수업을 진행하면서 한 사람 한 사람에게 좀 더 집중할 수 있었고. 그렇게 하다 보니 참가자들의 만족도가 높았습니다. 그러자 감동적인 후기와 리뷰가 쌓여 결국에는 대규모 브랜드와 함께 일할 기회가 자연스럽게 생기기 시작했습니다.

③ 함부로 확장하지 않기

퍼스널브랜딩을 하다 보면, 어느 순간 다양한 비즈니스 모델을 만들 수 있을 것 같다는 근자감이 듭니다. 마치 인스타그램을 하다가 주제와 맞지 않아도 뭔가 계정에 도움이 될 것 같은 여러 콘텐츠를 만들고 싶은 충동이 일어나는 것처럼 말입니다. 하지만 저는 하나를 제대로 잘한 다음에 다른 것으로 넘어가는 것을 선호합니다. 그래서인지 지금까지 제가 인스타그램으로 퍼스널브랜딩을 본격적으로 시작하고 나서 오프라인 클래스와 스마트스토어, 라이브 커머스까지 진출하는 데 만 4년이 걸렸습니다.

무엇보다 한 눈 팔지 않고 오프라인 클래스에 집중한 것이 지금의 백곰삼촌을 만든 가장 중요한 버팀목이라고 생각합니다. 오프라인 클래스가 뿌리를 내리고 인스타그램 콘텐츠가 풍부해지면서, 스마트스토어와 라이브 커머스와 같은 지금까지와는 다른 기회가 자연스럽게 찾아왔습니다. 이제는 라이브 커머스를 넘어서 오프라인 클래스를 바탕으로 수익화의 4단계(플레이모빌 프로)에서 차별화된 지속 가능한 비즈니스 모델을 찾고 이를 더욱 공고하게 하려고 노력하고 있습니다. 이 모든 것이 가능하게 된 것은 함부로 활동 영역을 확장하지 않고 일정 기간 오프라인 클래스에 집중한 덕분이라고 생각합니다.

백곰삼촌의 수익모델

퍼스널브랜드로 단단한 수익모델을 만들기 위해 가장 중요하게 생각한 것은 고객과 '어떻게 하면 한 개라도 더 나눌 수 있을까?'입니다. 소규모 클래스이건 대규모 클래스이건, 인

	Ver.2(2024~2026)		펀딩
Ver.1(2019~2023)	도서 출판		강의/강연
라이브 공동구매	플레이모빌 클래스 오픈		플레이모빌 클래스 확장
유튜브 콘텐츠	인스타그램 콘텐츠		
라이브 커머스			
스마트스토어/오픈마켓			

백곰삼촌의 3단계 수익 모델

원과 관계없이 장난감뿐만 아니라 '하나를 더 나누는 행복을 체험하는 클래스'를 진행하려고 노력합니다.

이러한 노력 덕분에 '행복을 전하는 장난감 가게 아저씨'라는 가치를 실제 모든 비즈니스에 적용하고, 이를 통해 만들어진 결과를 콘텐츠로 다시 공유하는 저만의 선순환구조가 자리를 잡았습니다. 선순환구조가 만들어지면서 백곰삼촌의 비즈니스 모델의 방향이 분명해졌습니다. 결과적으로 경제적 자유를 향한 꿈이 조금씩 현실로 다가오면서 퍼스널브랜드로 활동하는 저 자신에 대한 만족감도 높아졌습니다. '어떻게 하면 한 개라도 더 나눌 수 있을까?'라는 질문에 대한 답을 각각의 상황에서 찾기 위해 애쓴 노력 덕분에, 제가 원하는 모습으로 살아가는 퍼스널브랜드가 된 것입니다.

라이브 커머스

라이브 커머스는 퍼스널브랜드라면 주목해야 할 중요한 수익 채널입니다. 라이브 커머스는 퍼스널브랜드가 '마케팅과 브랜딩'을 모두 잡을 기회라고 생각합니다. 라이브 커머스는 쇼핑객 모집과 판매라는 마케팅 요소뿐 아니라 퍼스널브랜드의 가치와 아이덴티티라는 브랜딩 요소가 잘 연결되어야 성공할 수 있기 때문입니다.

라이브 커머스 방송이 잘 되려면, 방송을 잘 기획하고 진행하는 것 못지않게 일상에서 인스타그램을 통한 팔로워와 부단히 소통하는 것이 중요합니다. 저는 방송이 없는 날에도 인스타그램으로 제 활동을 공유하면서 팔로워와 열심히 소통합니다. 서로 오랫동안 소통을 지속하면서 신뢰가 쌓이다 보니, 많은 팔로워가 라이브 방송에 들어와 서로 인사도 나누고 안부도 물어보는 돈독한 관계가 되었습니다.

라이브 방송에서는 당연히 매출이 중요합니다. 하지만 장기적으로 라이브 방송을 지속하려면, 매출이 다소 낮더라도 인내심을 가지고 꾸준히 방송을 진행해야 합니다. 그래야 개선점을 보완하고 발전할 수 있습니다. 라이브 방송을 꾸준히

백곰삼촌의 라이브 커머스

진행하지 않고서는 개선점을 찾기 어렵고 결국에는 라이브 방송이 '브랜딩과 콘텐츠'가 아니라 '가격과 프로모션'으로만 승부를 봐야 하는 단순 가격 할인 기획전으로 전락할 가능성이 큽니다. 따라서 라이브 방송은 일회성으로 진행하기보다는 긴 안목으로 목표 지향점을 명확히 설정하고, 꾸준히 정기적으로 지속할 필요가 있습니다.

브랜드사와 콜라보로 방송을 진행할 때, 퍼스널브랜드(인플루언서)가 브랜드사나 판매 회사와 계약하는 방법에는 두 가지가 있습니다. 첫 번째는 출연하는 방송 횟수에 따라 일정 금액을 받는 방식입니다. 두 번째는 판매된 제품의 개수에 따라 러닝 개런티를 받는 것입니다. 저는 첫 번째 방식을 기본으로 하면서 시즌별 제품이나 특정 이슈가 있는 제품의 라이브 방송에서는 두 번째 방식으로 계약합니다.

B2C 클래스

저는 매주 주말에 일상을 채우는 취미 플랫폼인 '솜씨당'을 통해서 '플레이모빌 키링 만들기' 클래스를 진행합니다. 이 수업에는 정말 다양한 분들이 참여합니다. 처음에 인스타그램에 홍보했을 때는 플레이모빌에 관심이 있는 사람만 클래스에 참여했습니다. 시간이 지나면서 초기 참여자들의 정성 어린 후기가 올라오자 플레이모빌을 잘 모르는 분들에게도 입소문이 퍼져 인기 수업으로 자리를 잡았습니다. 지금은 '솜씨당'의 베스트 작가로서 다양한 브랜드와 협업하면서 활동 범위를 넓혀가고 있습니다.

제가 '솜씨당'과 협업하는 이유는 백곰삼촌 인스타그램 계정만으로는 할 수 없는, 수강생을 효과적으로 모집할 수 있기

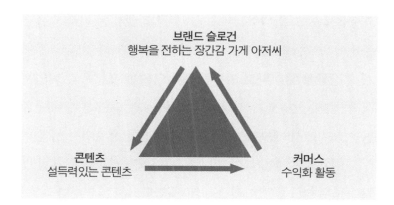

백곰삼촌의 수익모델과 콘텐츠 선순환 구조

때문입니다. '솜씨당'은 누적 클래스 이용자가 170만 명이 넘는 우리나라에서 가장 큰 규모의 취미&여가 클래스 플랫폼입니다. 여기에는 플레이모빌뿐만 아니라 다양한 작품활동에 관심이 있는 사람이 많이 모여있습니다. 저는 '솜씨당'과 제휴를 시작하면서 수강생 모집에 드는 마케팅 비용과 수업 진행에 필요한 경비를 절감할 수 있었습니다. 그뿐만 아니라 제 인스타그램에서는 만날 수 없는 다양한 고객을 만나 이들과 장난감 수업을 하면서, 오프라인에서 새로운 관계를 만드는 데 더 집중할 수 있게 되었습니다.

여기서 한 가지 주의할 점이 있습니다. 보통 우리는 특정 플랫폼에서 어느 정도 자리를 잡으면 곧바로 다른 플랫폼으로 확장을 하려고 합니다. 하지만 저는 확장보다는 기존의 플랫폼에서 확고한 1등이 되려고 노력합니다. 1등이 되면 굳이 제가 확장하지 않더라도 자연스럽게 다양한 플랫폼과 기업에서 협업 제안이 오기 시작합니다. 이렇게 되면 제가 제안을 받는 처지에서 제안하는 업체와 더 유리한 상황에서 협업 미팅을 진행할 수 있습니다. 이것은 제가 백곰삼촌의 마케팅 전략에서 말씀드린 '기다리는 마케팅'과 다르지 않습니다.

B2B 클래스

'솜씨당'이라는 B2C 플랫폼에서 활발하게 활동을 하고 있을 때, '위버'라는 기업 워크숍 플랫폼에서 협업 제안을 받았습니다. 이 제안으로 지금까지와는 다른 기업 워크숍 키링 클래스로 첫발을 내딛게 되었습니다. 하지만 기업에서 진행하는 워크숍은 규모가 달랐습니다. 인원도 많고 제가 익숙하지 않은 외부 환경에서 클래스를 진행해야 해서 무척 걱정되기도 했습니다. 어떻게 수업을 진행해야 할지 고민을 하다 불현듯 '같지만 다르게'라는 말이 떠올랐습니다.

소규모 공방에서 진행하는 클래스나 대규모 인원이 참석한 워크숍에서나 백곰삼촌이 추구하는 수업의 가치는 서로 같아야 한다고 생각했습니다. 다만 규모가 큰 수업이라 진행 방

백곰삼촌의 기업 워크숍

식을 보완할 필요가 있었습니다. 하지만 방향성이 분명했기에 진행 방식과 같은 기술적인 문제는 사전 연습을 통해 해결할 수 있었습니다. 새로운 수익모델로 발전할 때, 퍼스널브랜딩에서 진짜 중요한 것은 기술이 아니라 퍼스널브랜드가 추구하는 가치가 훨씬 중요하다는 사실을 새삼 깨닫는 순간이었습니다.

마지막 당부

겨울에 깨어나는 윈터 베어가
되지 않기 위해

퍼스널브랜딩이란 자신이 추구하는 가치와 모습을 전략적으로 공유하는 셀프 마케팅입니다. 따라서 자신의 가치에 대한 진실성을 바탕으로 셀프 마케팅을 해야 지속해서 성장할 수 있습니다.

여러분, 혹시 윈터 베어라고 아시나요? 윈터 베어는 겨울잠을 자다가 중간에 깨어버린 곰을 말합니다. 배고픈 상태로 겨울잠에서 깨어나기 때문에 무척 공격적이고 위험합니다. 저는 퍼스널브랜딩도 마찬가지라고 생각합니다. 만일 퍼스널브랜드가 갑자기 윈터 베어가 되어 자신도 모르게 공격적이고 날카로운 콘텐츠를 만들게 되면, 사람들과 신뢰보다는 필요에 의한 관계가 만들어집니다. 그렇게 되면 사람들은 금방 자신을 돈으로 인식한다는 것을 알아채고, 서로 격려하고 응원하는 관계가 아니라 필요에 의한 관계로 변하고 맙니다.

갑자기 잠에서 깨지 않고 겨울잠을 잘 취하려면, 가을부터 겨울잠을 준비해야 합니다. 급하게 서두르기보다는 지금 열심히 활동하는 시간이 겨울잠을 잘 자기 위한 준비라는 점을 인정하고, 나만의 가치와 무기를 갖추기 위해 부단히 노력해야 합니다. 시간이 걸리겠지만, 치열한 고민과 노력을 통해 만들어진 작은 차이가 경쟁력이 되어, 경제적 자유라는 편안한 겨울잠을 맞이할 수 있다고 생각합니다. 때로는 지겹더라도 기다리는 시간도 필요합니다. 그 시간에 나는 어떤 결과를 만들고 공유할 것인지 계속해서 노력하고 발전하면, 자신이 꿈꾸는 삶을 이룰 수 있다고 생각합니다.

비록 작은 경험이지만 백곰삼촌의 퍼스널브랜딩 이야기가 여러분이 꿈꾸는 경제적 자유를 위한 작은 도움이 되기를 진심으로 바랍니다.

인스타그램 공동구매로 수익 만들기

하얀쿡

하얀쿡은 건강하고 맛있는 유아식을 쉽고 간편하게 만드는 레시피를 개발하는 인플루언서입니다. 이렇게 개발한 레시피를 인스타그램으로 공유할 뿐 아니라, 직접 제품을 만들어 판매하면서 수익을 만들고 있습니다.

01

나와 아이를 위한 작은 도전으로
시작한 인스타그램

둘째를 임신하고 갑자기 닥친 코로나 사태로 어쩔 수 없이 하던 일을 그만두게 되었습니다.

잘 자라고 있는 첫째뿐 아니라, 앞으로 태어날 둘째를 위해 경제적으로 능력이 있는 엄마의 당당한 모습을 보여주고 싶었는데, 코로나는 이런 저의 계획을 물거품으로 만들어 버렸습니다. 그러면서 알 수 없는 무기력한 감정이 몰려오기 시작했습니다. 마치 하루하루 끝이 보이지 않는 어둠 속 긴 터널을 걷고 있는 듯한 기분이었습니다. 저에게 우울증이 찾아온 것입니다.

하지만 사랑하는 가족들이 저 때문에 힘들어하는 모습을 지켜보는 것이 싫었기에, 용기를 내서 제가 잘 할 수 있는 일을 찾기 시작했습니다. 이때 알게 된 것이 바로 인스타그램이었습니다. 인스타그램으로 저 자신을 남에게 보이는 것이 무척 어색했지만, 우리 가족을 위한 행복 일기장을 쓴다는 생각으로 사진을 포스팅하기 시작했습니다. 딱히 무엇을 해야겠다고 정해 놓은 건 없었기에, 그저 가족의 영상 일기장을 쓰듯이 우리 가족의 행복한 밥상과 아이들의 예쁜 순간, 가족의 소중한 추억을 포스팅했습니다.

11만 팔로워 하얀쿡의 시작은 일상을 올린 것이었습니다

시간이 흘러 둘째가 6개월에 접어들면서 이유식을 시작할 때가 되었습니다. 첫째와 터울이 많아 이유식을 만들었던 기억을 소환하기가 힘들어, 이유식 공부를 처음부터 다시 해야 했습니다. 그러다 우연히 친한 언니의 인스타그램을 발견했습니다. 저보다 먼저 이유식을 시작한 언니의 피드는 예쁜 아기 밥상으로 가득 차 있었습니다. 평소에 저도 요리하는 것을 좋아했던 터라, 우리 아기에게도 언니처럼 맛있는 이유식과 간식을 만들어 주고 싶어, 나만의 방법으로 아이의 간식을 만들어 예쁘게 사진을 찍어 인스타그램에 포스팅했습니다.

처음 몇 주 동안 즐거운 마음으로 아기 간식을 만들고 사진을 찍어서 꾸준히 사람들과 공유했습니다. 그러자 팔로워가 조금씩 늘어나면서 점점 인스타그램에 재미를 느끼기 시작했습니다. 이유식과 여러 가지 간식을 만들다 보니 좀 더 특별한 아기의 간식을 만들어 보고 싶은 욕심이 생겨 바로 실행에 옮겼습니다. 제가 좋아하는 프레첼, 호떡, 파이와 같은 간편한 간식을 아기가 먹을 수 있는 음식 재료로 만들어 주었더니 아이가 너무 좋아했습니다. 그리고 이 간식을 귀엽고 예쁘게 담은 사진에 유아식 레시피를 추가해 인스타그램에 포스팅했습니다.

아이뿐 아니라 엄마가 먹어도 맛있고, 보기에도 귀엽고 예뻔 간식이 인스타그램 피드에 하나둘 쌓이자, 팔로워분들이 제 레시피를 참고해서 간식을 따라 만들기 시작했습니다. 매일 어떤 간식을 만들어야 할지 생각하는 것이 힘들었지만, 고맙다는 팔로워들의 말 한마디에 모든 것을 보상받는 기분이었습니다. 인스타그램에 무작정 올린 제 레시피가 누군가에게 도움이 된다고 생각하니 열정이 마구 솟아났습니다.

인스타그램에 레시피뿐 아니라, 이유식과 간식을 맛있게 먹는 우리 아기의 영상을 지속해서 포스팅하던 어느 날, 갑자기 분초마다 팔로워가 쉬지 않고 늘어났습니다. 불과 일주일 만에 천명에서 만 명으로 팔로워가 늘어나는 도저히 믿을 수 없는, 기적과도 같은 일이 일어났습니다. 곧바로 DM이 파도처럼 밀려오기 시작했습니다. 브랜드 업체에서 보낸 DM의 첫 마디가 '안녕하세요! 인플루언서님!'으로 시작하는 것도 너무 신기했습니다. 뜻하지 않게 제가 인플루언서가 된 것입니다. 처음에는 이런 상황이 무척 낯설어 당황스럽고 어색했지만, 다른 한편으로는 저 자신이 뭔가 해냈다는 생각으로 스스로 자랑스러웠습니다.

그러던 어느 날, 누구에게나 찾아오는 밥태기(밥 권태기)가 제 아이에게도 찾아왔습니다. 어느 순간부터 양이 조금씩 줄더니, 급기야 식사 시간만 되면 입을 굳게 다물고 입을 절대 열어주지 않는 아이가 되어버린 것입니다. 하지만 모든 것을 거부하는 건 아니었습니다. 좋아하는 음식 재료의 호불호가 명확했습니다. 무엇보다 부드러운 입자는 곧잘 먹었습니다. 그래서 가루 제품을 이용하여 여러 가지 음식을 만들어 아이에게 먹이기 위해, 가루 제품에 잘 어울리는 음식 재료를 이것저것 배합해 보면서 저만의 가루 사용법을 열심히 찾아나갔습니다.

제 노력 덕분인지 아기의 밥태기는 생각보다 빠르게 지나갔습니다. 아이의 밥태기를 경험하면서, 많은 엄마가 저처럼 밥태기 때문에 힘들어한다는 것도 알았습니다. 그래서 제 경험을 토대로 여러 가지 간식과 반찬뿐 아니라, 가루를 이용하여 밥태기를 겪는 아이가 거부감 없이 먹을 수 있는 가루 레시피를 만드는 저만의 방법을 공유하기 시작했습니다. 이렇게 해서 평범한 엄마에서 유아식 카테고리의 인플루언서 '하얀쿡_가루마스터'가 탄생하게 된 것입니다. 어찌 보면 우연히 찾아온 아이의 밥태기 때문에 제가 가루 요리 레시피 전문가로 거듭날 수 있게 된 것입니다.

02

인태기 극복 전략,
새로운 시도

많은 분이 저한테 자주 묻는 말이 있습니다.

"하얀쿡님도 지금까지 인스타그램 계정이 성장해 오면서 인태기(인스타 권태기)를 겪어보셨나요? 만약 그렇다면 어떻게 극복했는지 궁금합니다."

솔직히 이 질문에 어떻게 대답해야 할지 잘 모르겠습니다. 저에게 인스타그램은 생존을 위해 앞만 보고 달려온 숨 가쁜 과정의 연속이었기 때문에, 어느 한순간을 콕 집어 인태기라고 말하기가 어렵습니다. 하지만 생각해 보면, 분명 저에게도 계정에 활력이 떨어지거나 성장이 정체되면서 힘든 시간이 있었습니다. 콘텐츠의 흐름이 사진에서 영상으로 바뀌면서 계정이 정체했던 시기와 레시피 메뉴 중심의 콘텐츠가 주를 이루면서 콘텐츠의 활력이 떨어지는 시기가 있었습니다. 이를 극복하게 해 준 것은 바로 저만의 '새로운 시도'였습니다.

생동감을 높여준 릴스 영상

팔로워 숫자가 3만 명이 되어 기뻐할 때, 인스타그램에 릴스라는 장르가 생겼습니다. 당시 인스타그램은 의도적으로 16:9 세로 크기의 릴스 영상을 사진보다 더 많이 노출해 주기 시작했습니다. 처음에는 틱톡처럼 특정 음악이 중심이 된 챌린지 형식의 콘텐츠로 잠깐 유행하다 지나가리라 생각하며 릴스를 무시했습니다. 하지만 시간이 지날수록 릴스 콘텐츠의 인기는 계속 높아지고, 이를 기회로 활용하는 사람들이 점점 늘어나면서 저도 콘텐츠에 대한 변화를 고민해야만 했습니다.

마침 저에게도 콘텐츠 형식을 변화시켜야 할 필요성이 대두되고 있었습니다. 레시피를 쉽게 따라 할 수 있도록 방법을 좀 더 자세하게 알려달라는 팔로워들의 댓글 요청이 많았습니다. 그동안 레시피를 사진이나 카드 뉴스로만 포스팅하면서 전체적으로 계정의 활력이 조금씩 떨어지고 있어 고민이 많았던 시기라 대안으로 릴스에 주목했습니다. 레시피를 글과 사진으로만 설명하는 것보다 직접 요리하는 영상 콘텐츠를 만들어 공유하면, 쉽고 자세하게 설명할 수 있고 콘텐츠도 훨씬 생동감이 있을 것 같았습니다.

고민 끝에 과감하게 릴스 영상 콘텐츠 제작에 도전해 유아용 식판에 요리를 완성해 가는 과정을 공유하기 시작했습니다. 물론 처음에는 15~30초 영상을 기획하는데 서너 시간, 촬영하는데 수 시간, 그리고 편집하는데 하루가 꼬박 걸릴 정도로 한 개의 릴스 영상을 완성하는데 정말 많은 시간과 에너지가 들어갔습니다. 정체된 계정을 한 단계 끌어올리기 위해 변화된 콘텐츠 흐름에 맞추어 새로운 시도를 했지만, 콘텐츠를 만드는데 이렇게 많은 시간과 에너지가 들어갈 것이라고는 전혀 예상하지 못했습니다. 한 달 동안 서툰 릴스 영상을 만드느라 몸도 마음도 지쳐가면서, 과연 릴스 영상을 계속 만들어야 할지 고민이 되었습니다. 이때 저를 붙잡아 준 것이 팔로워들의 댓글이었습니다. '영상으로 레시피를 보니, 쉽게 따라 할 수 있어서 좋아요'라는 댓글이 지친 저에게 큰 응원과 격려가 되었습니다. 아이들이 내가 소개한 요리를 맛있게 먹는 사진을 보는 순간, 영상을 만드는 수고와 노력에 대한 걱정이 모두 사라지고, '아이들이 더 맛있고 건강한 음식을 먹을 수 있도록 더 열심히 노력해야겠다'라는 의지가 솟구쳤습니다. 팔로워들의 격려와 응원 덕분에, 릴스 레시피 영상으로 피드에 다시 생동감이 넘치고 팔로워 수도 증가하면서, 첫 번째 찾아온 인태기를 잘 극복했습니다.

정서적 신뢰감과 유대감을 높여준 '실물 영상'

두 번째 인태기는 팔로워가 약 5만 명쯤 되었을 때 찾아왔습니다. 이때까지만 해도 제가 만든 영상은 대부분 레시피를

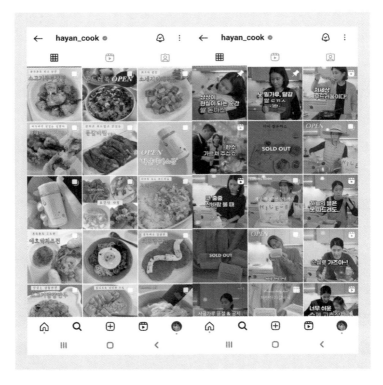

사진에서 영상으로 변화한 게시물

쉽게 따라 할 수 있도록 요리를 만드는 과정을 설명하는 정보성 콘텐츠가 전부였습니다. 하지만 어느 순간 저와 팔로워 사이에 소통이 점점 줄어들고 있다는 사실을 발견했습니다. 그러면서 마치 제 계정이 요리 학원처럼 변해가는 것을 느꼈습니다.

'도대체 무엇이 문제일까?'

생각을 거듭하며 고민하다 우연히 앤디파파(@andypapa__)님의 <인스타그램 퍼스널브랜딩> 책을 접하게 되었습니다. 이 책에는 이전에 제가 미처 생각하지 못한 중요한 내용이 담겨 있었습니다.

그중에서 특히 눈에 띄었던 것은 인스타그램에서는 모든 콘텐츠에 계정의 운영자가 직접 드러나야 한다는 점이었습니다. 그래서 레시피 영상뿐 아니라 모든 콘텐츠를 제가 실제 출현하는 것으로 바꾸는 큰 변화를 시도했습니다. 프로필 사진도 이때 처음으로 하얀쿡 로고에서 제 얼굴 사진으로 변경했고, 요리 영상뿐 아니라 포스팅하는 모든 콘텐츠도 제가 직접 출현하는 것으로 바꾸었습니다. 그러자 놀랍게도 댓글을 통한 소통이 더욱 활발해지기 시작하고, 팔로워들도 다시 늘어나기 시작했습니다. 그뿐 아니라 이전에는 미처 생각하지 못한 다양한 콘텐츠도 새로 만들 수 있었습니다. 요리 영상을 넘어 제 일상의 소소한 모습을 소개하는 콘텐츠도 함께 포스팅 하면서 팔로워들과 제가 훨씬 더 정서적으로 가깝고 친근한 관계로 발전하는 변화가 생겼습니다.

이런 경험을 통해서 단순한 정보나 노하우를 공유하는 정보성 콘텐츠만으로는 팔로워와 신뢰감과 유대감을 형성하는데는 한계가 있다는 사실을 절감했습니다. 운이 좋게도 레시피 중심의 정보성 콘텐츠에서 생동감 있는 사람 중심의 실물 영상으로 콘텐츠의 내용과 형식을 변화시키면서, 두 번째 인태기도 잘 극복했습니다.

03

생동감 넘치는
콘텐츠 기획 전략

요리하는 과정을 보여주는 콘텐츠는 대부분 정해진 레시피를 조리 순서대로 촬영하고 시간순으로 편집하는 형식을 취합니다. 재료와 요리법만 다를 뿐입니다. 그러다 보니 콘텐츠가 거의 비슷해서 차별성이 없거나 특별하지 않으면, 금방 노출 경쟁에서 밀려나고 맙니다. 따라서 콘텐츠를 만들 때, 자신만의 아이덴티티와 차별성을 느낄 수 있도록 부단히 방법을 찾고 고민해야 합니다. 저는 제 요리 영상 콘텐츠가 하얀쿡만의 아이덴티티와 차별성을 갖게 하려고 늘 고민합니다.

구멍이 많은 콘텐츠 기획서
저는 영상 콘텐츠를 기획할 때, 큰 흐름만을 기획합니다. 다른 사람이 보면, 제 기획서는 완벽하지 않고 빈틈이 많아 엉성해 보일지도 모르지만, 그 나름의 장점이 있습니다.

첫 번째 장점은 촬영 현장의 아이디어를 바로 영상에 반영함으로써 생동감 있는 영상을 만들 수 있다는 점입니다. 영상 촬영 기획서를 작성할 때나 정해진 레시피대로 음식을 요리하는 정형화된 촬영 과정에서는 절대 나올 수 없는 번뜩이는 아이디어를 순간 포착해 곧바로 영상에 반영할 수 있습니다. 이렇게 완성된 영상은 단순한 플롯이 아닌 예측 불허의 재미와 개인적인 매력을 함께 담아낼 수 있어서 흥미와 생동감을 높여줍니다.

두 번째 장점은 구멍이 많은 기획서로 영상을 촬영하다 보면 NG 영상이 많이 나오는데, 이 영상은 휴지통에 버려지는 영상이 아니라 B급 영상의 훌륭한 소스가 됩니다. 많은 실수가 오히려 B급 콘텐츠로 새롭게 탄생하여 제 계정에 생동감과 활력을 불어넣는 윤활유가 되는 셈입니다. 어찌 보면 반복되는 영상 패턴을 벗어나기 위해 고민하다 우연히 B급으로 여겼던 콘텐츠를 살려 재미 요소를 추가했는데, 예상 밖의 긍정적인 반응이 많았습니다. 제 영상에 재미를 느낀 분들이 많아지면서 노출도가 올라가는 것을 확인했습니다. 물론 이런 방법을 사용하면, 잘 짜인 기획으로 만든 영상보다 제작 시간

의외성과 재미 요소는 영상에 생동감을 줍니다

이 더 걸립니다. 하지만 조금 더 노력을 기울인다면 더 다채로운 영상을 만들 수 있습니다.

이런 이유로 저는 영상 촬영 기획서를 충실히 작성하기보다는, 실제 영상을 촬영하면서 생기는 즉흥적인 부분을 콘텐츠에 녹여내기 위해 더 노력합니다. 일상의 제 모습과 가장 가까운 영상이 되려면, 평평하게 잘 닦인 아스팔트와 같은 느낌을 주는 깔끔한 영상이 아니라, 거칠고 울퉁불퉁한 느낌을 주는 비포장 길과 같은 약간 생동감 있는 영상이어야 하기 때문입니다.

내용	유아식/육아/음식/간식		
Up date	24.01.03		
Sbuject	등갈비찜 만드는 방법		
팔로워 증가	230		
Sec	60 sec		
view	147,000		
		간단 기획 (촬영전 간단 기획)	변경 기획 (촬영 하면서 변경/추가된 기획)
	주요 스토리	딸의 생일을 위한 등갈비 만들기	
인트로	진행 1	재료 준비	삭제
	진행 2	등갈비 삶기	-
바디	진행3	소스만들기	-
	진행4	등갈비랑 소스 섞기	준비한 냄비가 작아서 ▶ 프라이팬으로 변경
클로즈	진행5	요리 완성	-
	진행6	맛있게 먹는 장면	

하얀쿡의 빈틈이 많은 영상 기획서

경험 데이터를 통한 레시피 메뉴 선정

계절 메뉴

저는 인스타그램 알고리즘을 파악하기 위해 따로 공부하거나 연구하지 않습니다. 이유는 시간이 지나도 변하지 않는 확실한 저만의 알고리즘이 있기 때문입니다. 유아식을 주제로 지난 수년간 콘텐츠를 만들어오면서 시즌별 주목을 받는 요리가 있다는 것을 알았습니다. 예를 들어, 겨울의 붕어빵과

제철 음식과 시즌 음식 레시피 영상

같은 음식입니다. 콘텐츠와 계정을 성장시키는 저만의 알고리즘은 제 경험 데이터를 통해 쌓이게 됩니다.

실제 제철 붕어빵 음식의 데이터를 보면, 매년 11월 말부터 1월 중순까지 가장 높은 수치를 기록하고 있습니다. 네이버 데이터랩, 구글 트렌드에 검색어만 써넣으면, 언제 가장 높은 관심을 받는지 알 수 있습니다. 대부분 제 경험 데이터와 거의 일치합니다. 그래서 저만의 경험 데이터로 계절별 인기 요리나 음식을 미리 준비하기 때문에, 그 시즌에 만들어야 할 콘텐츠를 따로 기획해야 하는 시간과 노력을 줄일 수 있습니다.

건강에 좋은 제철 음식 메뉴

두 번째 알고리즘은 면역과 건강입니다. 여름이나 겨울이 되면 찾아오는 질병에 면역력을 길러줄 수 있는 음식을 만드는 레시피를 시즌마다 정기적으로 포스팅합니다. 예를 들어, 아이가 감기에 걸렸을 때 좋은 음식을 레시피 콘텐츠로 만들어 포스팅합니다. 이런 레시피를 포스팅하면, 다른 레시피 콘텐츠보다 '댓글'과 '저장', '공유'와 같은 인게이지먼트도 높아 인스타그램의 진짜 알고리즘을 타고 바이럴 영상처럼 퍼져나가기도 합니다. 건강에 좋은 제철 음식을 아이에게 만들어 주고 싶은 엄마의 마음을 잘 대변하기 때문이라고 생각합니다.

일요일	월요일	화요일	수요일	목요일	금요일	토요일
참여형 콘텐츠 A (팔로워들이 요청한 요리)	콘텐츠 기획&촬영	콘텐츠 편집 A-1 (콘텐츠 편집 2일 소요)	콘텐츠 편집 A-2 (콘텐츠 편집 2일 소요)	참여형 콘텐츠 A 포스팅	정보성 콘텐츠 공동구매 예고	정보성 콘텐츠 공동구매 진행
정보성 콘텐츠 공동구매 진행	루틴 요리 영상 B (콘텐츠 기획&촬영)	콘텐츠 편집 B-1 (콘텐츠 편집 2일 소요)	콘텐츠 편집 B-2 (콘텐츠 편집 2일 소요)	루틴 요리 영상 B 포스팅	참여형 콘텐츠 참여형 이벤트 진행	콘텐츠 기획&리뷰
참여형 콘텐츠 A (팔로워들이 요청한 요리)	콘텐츠 기획&촬영	콘텐츠 편집 A-1 (콘텐츠 편집 2일 소요)	콘텐츠 편집 A-2 (콘텐츠 편집 2일 소요)	참여형 콘텐츠 A 포스팅	정보성 콘텐츠 공동구매 예고	정보성 콘텐츠 공동구매 진행
정보성 콘텐츠 공동구매 진행	루틴 요리 영상 B (콘텐츠 기획&촬영)	콘텐츠 편집 B-1 (콘텐츠 편집 2일 소요)	콘텐츠 편집 B-2 (콘텐츠 편집 2일 소요)	루틴 요리 영상 B 포스팅	월별 공동구매 스케줄	콘텐츠 기획&리뷰
참여형 콘텐츠 A (팔로워들이 요청한 요리)	콘텐츠 기획&촬영	콘텐츠 편집 A-1 (콘텐츠 편집 2일 소요)	콘텐츠 편집 A-2 (콘텐츠 편집 2일 소요)	참여형 콘텐츠 A 포스팅	정보성 콘텐츠 공동구매 예고	정보성 콘텐츠 공동구매 진행

하얀쿡의 월 콘텐츠 계획표

팔로워와 활발한 소통

저는 인스타그램을 처음 시작할 때부터 지금까지 게시글에 달린 질문 댓글에 빠짐없이 대댓글을 달아주고 있습니다. 하얀쿡을 찾는 분들은 저와 같이 어린 자녀를 키우는 분들입니다. 모두 사랑스러운 아이에게 건강하고 맛있는 유아식을 만들어 주기 위해 고민하는 분들입니다. 그러다 보니 제가 올린 레시피에 관해 궁금한 점을 댓글로 자주 묻곤 합니다. 때로 너무 많은 질문이 올라와 버거울 때도 있지만, 오늘 저녁 당장 이 레시피로 아이의 저녁 메뉴를 만들려는 엄마의 간절한 마음을 잘 알기에 최대한 빠르게 알려드리기 위해 노력합니다.

이런 노력 덕분에 어느 순간 많은 분이 질문을 넘어 댓글과 DM으로 새로운 레시피를 제안하기 시작했습니다. 그중에서 반복해서 요청하는 재료와 요리를 반영하여 레시피를 만들어 포스팅하면, 다른 콘텐츠에 비해 훨씬 더 많은 조회 수와 추천, 댓글, 저장을 기록합니다. 여기까지 오는 데 많은 시간이 걸리기는 했지만, 어쩌면 댓글과 DM을 통한 활발한 소통이 하얀쿡 계정의 가장 큰 장점이자 차별성이라 생각합니다. 실제로 저는 DM과 댓글을 통해 팔로워들의 다양한 관심사를 파악하고, 맞춤형 레시피를 제작합니다.

팔로워들의 DM과 댓글 덕분에 제가 미처 생각하지 못한 밀가루와 달걀이 들어가지 않은 아기 돈가스나 새우 알칩(알 새우 칩), 참치 캔, 유아 라면, 유부초밥과 같은 레시피를 개발하기도 했습니다. 이렇게 팔로워와 소통을 통해서 만들어진 레시피 영상은 다른 콘텐츠보다 훨씬 많은 조회 수를 기록했

팔로워들이 요청하는 레시피

습니다.

하얀쿡 계정에는 저처럼 어린아이들을 키우고 있는 10만 명이 넘는 팔로워가 함께하고 있습니다. 그래서 팔로워가 원하는 레시피가 다른 엄마들이 바라는 레시피일 확률이 높습니다. 이것은 이후에 제가 본격적으로 수익 모델을 확장하는데 큰 도움이 되었습니다. DM과 댓글을 통한 팔로워와의 신뢰감 있는 소통은 이전에 제가 전혀 생각하지 않았던 새로운 수익 모델을 만드는 가장 큰 원동력이 됐습니다.

영상에서 더빙과 음원이 중요할까요?

영상에서 더빙은 무척 중요합니다. 더빙이 스토리를 끌어가는 역할을 하기 때문입니다. 하지만 더 중요한 것은 더빙할 때 중간에 절대 끊겨서는 안 된다는 점입니다. 영상에서 더빙이 중간에 끊기게 되는 순간 사람들이 영상에서 이탈하는 것을 데이터로 확인했습니다. 그래서 저는 촬영에 들어가기 전에 오디오로 입혀질 제 목소리가 끊기지 않도록 주의하며 기획서를 꼼꼼하게 작성합니다. 최종 편집을 할 때도 0.5초의 순간도 목소리가 끊기지 않도록 노력합니다. 더빙이 잠시도 끊기지 않도록 하는 것이 영상을 제작할 때 반드시 신경을 써야 할 부분입니다.

배경 음악도 중요합니다. 음악에 따라서 영상의 전체적인 분위기가 바뀔 수가 있습니다. 그래서 저는 릴스 무료 음원을 사용할 때도 신경을 씁니다. 간혹 릴스 무료 음원을 사용하면 노출이 더 잘된다고 생각하는 분들도 있는데, 실제 제 경험으로는 그렇지 않았습니다. 음원이 영상의 분위기를 얼마나 잘 연출하느냐가 중요합니다. 저는 릴스 영상에서 제공하는 무료 음원을 선택할 때, 그 음원이 영상의 분위기와 얼마나 잘 맞느냐를 기준으로 판단합니다. 만일 그렇지 않을 때는 개인적인 음원을 사용합니다. 여러분도 자신의 영상의 분위기를 잘 연출해주는 음원을 잘 골라서 사용하기 바랍니다. 좋은 음원을 사용하면, 영상에 감성이 더해지면서 내용을 더 잘 전달할 수 있습니다. 잘 고른 음원 하나가 영상 콘텐츠에 대한 반응을 크게 높일 수 있다는 점을 놓치지 말기 바랍니다.

04

하얀쿡의 수익 모델 (1)
공동구매

공동구매를 지속하는 힘 - 원칙과 신뢰

처음에는 누구나 인스타그램으로 공동구매를 진행하거나 제품을 판매하는 것을 두려워합니다. 저도 마찬가지였습니다. 인스타그램을 시작할 때 저는 단지 아이 먹방이나 간식 사진을 포스팅하며 유아식과 관련된 좋은 정보를 전달했습니다. 그런데 어느 순간 팔로워들의 공동구매 요청과 브랜드 사들의 공동구매 제안이 쏟아지면서, 이제껏 생각하지 못한 인스타그램 판매를 어떻게 받아들여야 할지 무척 혼란스러 웠습니다.

'만일 공동구매를 한다면 팔로워들이 어떻게 생각할까?'

'판매를 시작하면 책임도 그만큼 커질 텐데…'

많은 생각과 고민이 밀려오면서 머리가 복잡해졌습니다. 무엇보다 음식 레시피만 올리던 피드에 갑자기 협찬 제품의 광고나 공동구매 피드가 올라가면 어떻게 될지 두려움이 컸습니다. 이런 고민 탓에 첫 공동구매를 시작하기까지 수개월의 시간이 걸렸습니다. 하지만 "하얀쿡님 추천하는 제품이라면 믿을 수 있어요", "하얀쿡님! 좋은 제품을 공동구매 해주세요!"라는 팔로워들의 진심 어린 요청에 힘입어 첫 협찬 광고를 하기로 했습니다. 첫 협찬 광고 아이템은 제가 레시피 요리를 할 때 자주 사용하던 아기 식기였습니다. 이 식기는 제 레시피 피드를 보고 팔로워들이 자주 구매처를 묻곤 했던 것이라, 안심하고 소개를 할 수 있다고 생각했습니다. 이렇게 두려움 반 설렘 반으로 첫 협찬 광고 피드를 올렸는데, 제가 고민했던 것과는 다르게 많은 분이 식기에 대한 관심을 보였습니다. 덕분에 기대 이상으로 성공적인 협찬 광고가 될 수 있었습니다.

첫 협찬 광고가 성공하고 나서 많은 브랜드사로부터 협찬 광고 문의를 받으면서 '내가 직접 안전하고 편리한 식기를 공동구매를 해도 괜찮지 않을까?' 하는 자신감이 생겨났습니다. 여기까지 생각이 미치자 용기를 내서 곧바로 제가 염두에 둔 제품의 제조 회사에 연락해 거래 조건을 협의하고 생애 첫 공동구매를 시작했습니다. 생애 첫 공동구매이기도 했지만, 제 책임도 협찬 광고 때보다는 훨씬 클 것이기 때문에 제품 선정에 많은 신경을 썼습니다. 무엇보다 하얀쿡이 지향하는 가치, 곧 음식 재료는 건강해야 하며, 조리 도구와 식기는 유해성이 없어야 한다는 원칙에 어긋나지 않는 제품을 선택하기 위해 제품에 관해 확인하고 또 확인했습니다. 이런 과정을 거쳐 선택한 제품으로 첫 공동구매를 진행한 결과 팔로워들의 제품 만족도와 신뢰도가 높아지면서 이후 진행하는 공동구매에 큰 힘이 되었습니다.

여기서 한 가지 말씀드리면, 인스타그램에서 공동구매를 진행할 때는 판매 마진이 중요한 것이 사실입니다. 하지만 아무 원칙이 없이 마진만을 좇다 보면, 한두 차례 많은 이익을 얻을 수는 있지만, 공동구매를 지속하지 못할 수도 있습니다. 인스타그램에서는 팔로워들이 저를 믿고 제품을 구매하는 것이지, 단지 제품이나 가격만을 기준으로 구매를 하는 것이 아니기 때문입니다. 곧 인스타그램 공동구매에서는 계정 운영자에 대한 신뢰가 제품을 구매하는 중요한 기준입니다. 따라서 인스타그램을 통해 마진이 높은 적당한 제품을 판다면, 굳이 저한테 구매할 이유가 없을 것입니다. 스마트스토어나 쿠팡에서도 유사 제품을 쉽게 살 수 있기 때문입니다.

공동구매를 지속하려면, 팔로워들이 나에게 제품을 사는 이유가 뭔지를 깊게 고민해야 합니다. 그것은 바로 자신이 지향하는 가치에 대한 신뢰와 믿음을 통해서 추천하는 제품을 믿기 때문입니다. 이 점을 절대 놓쳐서는 안 됩니다. 인스타그램 공동구매의 성공은 얼핏 보면 가격이나 제품인 것 같아 보이지만, 진짜 성공 요인은 계정 운영자에 대한 탄탄한 신뢰입니다. 따라서 인스타그램 공동구매 제품을 선택할 때는 반드시 자신이 지향하는 가치와 원칙에 어긋나지 않는 제품으로 진행해야 한다는 점을 잊지 말기 바랍니다.

물론 저도 처음부터 제가 지향하는 분명한 가치와 원칙이 있지는 않았습니다. 인스타그램을 하면서 팔로워가 늘어나고 제 레시피를 따라 하는 분들이 늘어나면서 그만큼 제 책임감도 커졌습니다. 그러면서 제가 인스타그램으로 유아식 레시피를 소개하거나 제품을 소개할 때 적어도 세 가지는 반드시 지켜야겠다고 생각했습니다.

① 엄마들이 언제든지 간편하고 쉽게 만들 수 있는 레시피를 개발하자.

② 유아식 재료는 반드시 건강한 음식 재료를 사용하자.

③ 유아식 조리 도구와 식기도 유해성이 없는 것을 사용하자.

무엇보다 엄마들이 집에서 간편하게 유아식을 만들 수 있는 레시피가 필요하다는 것은 제가 직접 아이를 키우면서 절감했습니다. 하지만 아무리 간편한 레시피라 하더라도, 음식 재료와 조리 도구, 식기에는 유해 성분이 없어야 한다고 생각했습니다. 아이를 키우는 엄마의 처지에서 아무리 정성 들여 만든 음식이라도 건강을 해치면 오히려 아이에게 독이 될 수 있기 때문입니다. 그뿐만 아니라 제가 포스팅하는 레시피는 바로 제 아이가 먹는 음식이기도 합니다. 그래서 음식 재료는 유해 성분이 없는지, 조리 도구와 식기에서는 유해 물질이 나오지 않는지를 꼼꼼히 확인한 다음에 사용했습니다.

이런 원칙을 지키면서 공동구매를 진행하기가 쉽지만은 않았습니다. 간혹 마진이 엄청 좋은 제품을 만나면, 그냥 이 제품으로 한 번쯤 공동구매를 진행해도 괜찮지 않을까 하는 마음이 들기도 했습니다. 하지만 이럴 때마다 초심으로 돌아가 맨 처음 마음에 새긴 가치와 원칙을 떠 올리며 한 번 더 고민했습니다. 힘들지만 이런 원칙을 지키면서 공동구매를 하자, 공동구매가 진행될수록 팔로워들의 신뢰가 높아졌습니다.

이것이 제가 공동구매를 지속할 수 있고 팔로워들의 좋은 반응을 얻는 가장 큰 원동력입니다.

여러분도 인스타그램으로 공동구매를 진행할 때, 반드시 자신이 추구하고 소중하게 생각하는 가치와 원칙을 세우고 이를 마음에 새기면서 진행하기 바랍니다. 처음에는 힘들고 느리지만, 이것이 쌓여 단단한 신뢰를 만들고 더 큰 성공으로 나아가는 초석이 되리라 생각합니다.

공동구매 전략

월 공동구매 일정표

저는 공동구매를 진행할 때, 매월 공동구매 일정표를 팔로워들과 공유합니다. 나아가 이것을 포스팅하면서 팔로워들에게 공동구매를 하고 싶은 제품에 대해 질문을 합니다.

'울 아가에게 필요한 제품 모두 적어주세요!'

'갖고 싶은 제품, 필요하신 제품, 궁금하신 제품을 댓글로 남겨주세요!'

하얀쿡의 월 공동구매 일정표는 단지 판매 공지 게시판이 아니라, 공동구매에 대한 팔로워의 관심과 참여를 높이는 소통의 창구입니다.

공동구매 일정표

　월 공동구매 진행표는 팔로워들의 적극적인 참여를 통해서 매달 새로운 제품을 미리 홍보하는 효과를 기대할 수도 있습니다. 나아가 특정 제품에 댓글이 많이 달리면, 그 제품의 재고를 넉넉하게 준비하는 등 공동구매를 진행하는 파트너사와 함께 판매 계획을 변경하거나 수정할 수 있습니다. 공동구매가 시작되는 당일 '대댓글'을 달거나 댓글에 '좋아요'를 눌

러 공동구매가 시작되었다는 사실을 다시 한번 알릴 수도 있습니다. 이러한 알림 홍보는 자칫 잊고 지나갈 수 있는 공동구매 이벤트를 환기함으로써 팔로워들이 좀 더 적극적으로 공동구매에 참여하게 합니다.

가치와 원칙에 부합하는 제품

제품을 판매하다 보면 마진율이 민감한 이슈가 됩니다. 같은 값이면 높은 마진의 제품을 판매하는 것이 당연히 좋겠지만, 이것보다 더 중요한 것이 있습니다. 판매 제품이 제가 지향하는 가치와 원칙에 어긋남이 없어야 한다는 점입니다. 공동구매를 지속하려면 순간의 이익보다 팔로워들과의 신뢰가 훨씬 더 중요합니다. 제가 아무것도 없는 상태에서 여기까지 온 것은 하얀쿡이 지향하는 유아식에 대한 가치와 원칙을 신뢰한 팔로워들이 있기 때문입니다. 어찌 보면 저한테 개인적인 매력을 느껴서가 아니라 제가 지향하는 가치에 공감했기 때문입니다. 따라서 마진이 다소 낮더라도, 그리고 느리더라도 자신의 가치와 원칙과 부합하는 제품을 선정해서 공동구매를 진행해야 합니다.

팔로워와의 소통과 팔로워의 참여

제품 선정을 할 때 팔로워들과의 긴밀한 소통이 중요합니다. 제가 유아식 레시피 전문가이기는 하지만, 제 생각이 꼭 팔로워들의 생각과 일치하는 것은 아니었습니다. 예를 들어, 한 번은 제가 보기에도 안전하고 사용하기에 편리한 식기가 있어 자신있게 공동구매를 진행한 적이 있습니다. 결과는 나쁘지는 않았지만, 다른 공동구매에 비해서 차이가 컸습니다. 공동구매가 끝나고 팔로워들의 의견을 듣고 나서야 원인을 알게 되었습니다. 이유는 제품이 좋기는 하지만 엄마들이 사용하기에는 제가 몰랐던 불편한 점들이 있었습니다. 이 경험을 통해서 공동구매를 진행할 때는 가능하다면 사전에 팔로워들의 의견을 수렴하는 것이 매우 중요하다는 사실을 절감했습니다. 지금까지 공동구매를 진행하면서 팔로워들의 의견을 수렴하여 선정한 제품은 대부분 기대한 만큼의 성공을 했습니다.

여러분도 만약 공동구매가 성공하기를 원한다면, 제품을 고를 때 팔로워들의 의견을 적극 수렴할 수 있도록 팔로워들과의 관계를 돈독히 하여 활발히 소통하는 계정을 만들어야 합니다. 이런 관계가 형성되면 어떤 공동구매라도 실패하지 않습니다. 겉으로는 잘 보이지는 않지만 이것이야말로 공동구매 성공의 가장 중요한 열쇠입니다. 물론 가장 실천하기 힘든 부분이기도 합니다.

하얀쿡의 수익 모델 (2)
직접 개발한 제품 판매

케미가 맞는 파트너와의 콜라보

주로 유아용 식기 공동구매를 진행하고 있을 때, 어느 날 레시피에 사용하는 음식 재료를 공동구매로 진행해 달라는 팔로워들의 요청이 있었습니다. 사실 이 요청을 받고 무척 조심스러웠습니다. 음식 재료는 워낙 민감한 부분이 많기 때문입니다. 고민하다 음식에 공통으로 가장 많이 사용하는 소금을 공동구매하기로 하고 제품을 고르다 깜짝 놀랐습니다. 그전까지는 소금이 다 같은 소금인 줄 알았는데, 막상 공동구매를 하려고 자세히 뜯어보니 시중에 판매하는 소금에 나트륨 함량이 무척 높아 당황했습니다. 이런 소금을 아이의 유아식 요리의 양념으로 사용할 수는 없었습니다. 비록 건강에는 문제가 없겠지만, 이런 소금으로 아이의 건강한 요리를 할 수는 없겠다는 생각이 들어, 직접 나트륨 함량이 적은 소금을 개발해서 공동구매를 해야겠다고 생각했습니다. 하지만 나트륨 함량이 적은 소금을 개발하는 것이 생각만큼 쉽지는 않았습니다.

고민하던 중, 한 회사로부터 전화를 받았습니다. 통화 후 그 회사를 방문해 담당자분과 제가 생각하는 건강한 유아식에 관한 얘기를 나누다, 유아식을 바라보는 태도와 철학이 저와 거의 일치한다는 사실이 너무 기뻤습니다. 미팅을 마치고 나서 며칠 후 이메일이 왔습니다. '하얀쿡님, 실은 저희가 OEM 생산을 하고 있습니다, 하얀쿡님과 요리에 관한 생각이 우리 회사의 철학과도 일치해서 함께 유아식 브랜드를 런칭해보고 싶습니다.' 이메일을 확인한 순간 마음이 두근거렸습니다. '그래!, 나와 가치와 철학이 같고 나보다 더 전문성을 갖춘 조직과 함께 협력한다면, 지금보다 더 체계적으로 성장할 수 있을 거야. 우리 아이들을 위한 세상에 없는 유아식을 만들어 보자!'

이렇게 탄생한 첫 번째 유아식 제품이 '하얀쿡 소금'입니다. 이후 계속해서 하얀쿡이라는 브랜드로 건강하고 간편한 유아식 제품을 출시하면서 고객들의 많은 사랑을 받고 있습니다. 나아가 파트너 회사가 제품 유통과 CS에 전문성이 있어서 제가 감당하기 힘든 궂은일을 전문가답게 잘 처리하기에, 저는 유아식 레시피 개발과 브랜딩에 더 집중할 수 있었습니다. 하얀쿡은 인스타그램을 통해서 팔로워와 소통하며 유아식 제품을 개발하는 역할에 집중하고, 파트너사는 이렇게 개발된 제품을 생산하고 판매하는 역할에 집중하면서 서로 시너지를 낼 수 있었습니다.

이런 과정을 통해서 퍼스널브랜드가 자신의 가치를 담은 제품을 개발하고 판매할 때 중요한 것이 무엇인지 깨달았습니다. 바로 함께 협력하는 파트너사와 퍼스널브랜드의 케미입니다. 무엇보다 퍼스널브랜드와 파트너사가 서로 추구하는 가치나 원칙이 같아야 한다는 점입니다. 일을 하다 보면 세부적인 의견 차이가 있을 수 있지만, 가치나 원칙이 다르면 근본 방향이 틀어집니다. 제품 개발은 제가 책임질 수 있지만, 제품의 생산부터 CS까지 전 과정은 파트너사의 몫입니다. 만일 이 프로세스에서 저와 다른 가치와 원칙으로 일한다면, 제가 아무리 좋은 제품을 개발하더라도 생산 과정에서 건강하지 못한 재료를 사용하거나, 제품 유통 과정에 문제가 생길 수 있기 때문입니다.

퍼스널브랜드가 단지 매출이나 수익이 아니라 자신이 추구하는 가치와 원칙에 부합하는지를 기준으로 파트너사를 선택해야 한다는 점을 잊지 말기 바랍니다.

공동구매 마케팅 전략

제품 개발부터 마케팅 과정까지 팔로워들과 지속해서 소통할 수 있다는 점이 퍼스널브랜드가 마케팅을 할 때 큰 장점입니다. 따로 마케팅하기 위해 큰 비용을 들여 광고하거나 화려한 이벤트를 굳이 할 필요가 없습니다. 팔로워와 부단히 소통하면서 팔로워의 참여를 이끌어내는 것이야말로 퍼스널브랜드의 강력한 마케팅 무기입니다.

예를 들어, 저는 제품을 출시하기 전에 피드나 스토리를 통해서 팔로워들에게 DM이나 댓글로 이번에 출시하는 제품에 대해 궁금한 점을 알려달라는 부탁을 합니다. 이때 팔로워들이 보내주신 의견에는 제가 미처 생각하지 못한 내용이 많아서 제품 상세 피드를 만들 때 큰 도움이 됩니다.

'이 제품은 몇 살부터 몇 살까지 먹을 수 있나요?'

'우리 아이가 알레르기에 민감한데 이 제품은 괜찮은가요?'

이런 질문은 아무리 제가 제품에 대해 잘 알더라도 저 혼자라면 절대 떠 올릴 수 없어서 그냥 지나칠 수밖에 없었을 것입니다. 하지만 이런 피드백 덕분에 고객이 이번 제품에 대해 무엇을 궁금하게 여기는지를 좀 더 잘 알 수 있었고, 이것을 바탕으로 진짜 팔로워들이 제품에 대해 알고 싶은 내용으로 제품 상세 피드를 만들 수 있었습니다. 이렇게 팔로워들의 의견과 질문을 반영하여 만든 피드는 그냥 제 생각만으로 만든 것보다 '좋아요', '댓글', '저장', '공유'가 훨씬 많았습니다.

그뿐만 아니라 질문에 참여하신 분들이 질문을 하기 위해 제품 안내문을 자세히 읽어 보면서 제품에 대한 이해와 공감도 함께 높아지는 효과도 있었습니다. 나아가 자신이 질문한 제품이라 제품 출시와 함께 포스팅한 피드가 우선 노출이 되는 효과도 생기면서 제품을 홍보하는데 시너지를 얻을 수 있었습니다.

06

하얀쿡의 인스타그램 수익화의
3가지 핵심 요소

인스타그램을 하는 목적은 사람에 따라 다를 것입니다. 하지만 인스타그램을 통해서 자신이 좋아하는 일을 하면서 자기를 실현하고 나아가 이를 토대로 경제적 수익을 이룰 수 있기를 바라는 마음은 같으리라 생각합니다.

제가 하얀쿡이라는 인스타그램으로 수익화를 만들 수 있었던 이유가 무엇일까 곰곰이 생각해 보았습니다. 어찌 보면 저 자신의 노력보다는 운이 좋았다는 것이 가장 정확한 답일 수도 있을 것 같습니다. 아무리 노력해도 운이 없다면 기회를 잡지 못할 수도 있을 테니까요. 하지만 모든 것을 운으로 돌릴 수는 없습니다. 그래서 나름대로 제가 여기까지 오는 과정을 돌이켜 보면서 인스타그램 수익화를 위한 하얀쿡의 가장 중요한 요인이 무엇일까 정리해 보았습니다.

가치와 원칙

지금의 수익화를 만든 가장 중요한 요인은 유아식 레시피를 만드는 저만의 가치와 원칙을 지키려고 노력했다는 점이라고 생각합니다. 물론 제가 처음부터 유아식 레시피에 대한 가치와 원칙을 세운 것은 아닙니다. 팔로워가 늘어나면서 제가 개발하는 유아식 레시피가 무엇을 담아야 하는지 고민이 되기 시작했습니다. 그때 제가 맨 처음 유아식 레시피를 만들면서 제 마음속에 담고 있던 소박한 바람이 떠올랐습니다. 바로 내 아이가 맛있게 먹을 수 있는 건강한 요리를 만들고 싶다는 바람과 신선하고 유해물이 첨가되지 않은 건강한 재료를 사용해겠다는 엄마의 마음, 그리고 저와 같이 바쁜 엄마들이 필요할 때 언제든지 쉽게 만들 수 있는 간편한 레시피를 만들어야겠다는 바람이었습니다. 이런 가치와 원칙을 흔들림 없이 지켰기에 팔로워들이 저를 신뢰하게 되었고,, 이를 토대로 수익화를 이룰 수 있었습니다.

팔로워와의 소통과 팔로워의 참여

제품을 개발할 때 저는 팔로워들한테 많은 도움을 받습니다. 저 혼자 고민하는 것보다 팔로워들이 전하는 얘기와 질문이 제 제품을 부단히 개선하도록 하는 통로입니다. 이런 과정을 통해서 제품을 개발하기 때문에, 제품의 판매율도 높고 제품을 사용하는 분들의 만족도가 높아 재구매로 이어집니다. 제품을 개발할 때뿐 아니라 제품 홍보를 위한 상세페이지를 만들 때도, 팔로워들의 제품에 관한 질문과 의견은 상세페이지 클릭률을 높이는 핵심입니다. 팔로워들 덕분에 고객이 관심이 있는 내용을 빠뜨리지 않고 설명할 수 있기 때문입니다. 만일 저 혼자서 모든 것을 다 하려고 했다면, 절대 할 수 없었을 것입니다. 팔로워들의 지지와 격려, 그리고 서로 진심 어린 소통이 없이는 수익화를 이루기 어렵습니다. 따라서 느리더라도 자신만의 가치와 원칙을 갖고 팔로워들과 건강한 신뢰를 쌓을 수 있도록 열심히 소통하는 것이 수익화를 만드는 탄탄한 토대가 됩니다.

전혀 다른 제품

처음 파트너사와 콜라보로 제품 개발을 할 때, 제 마음속으로 결심한 것이 있습니다. 지금까지 한 것처럼 저만의 유아식을 계속 만들어보자는 목표입니다. 어찌 보면 제가 처음에 우리 아이를 위해 만든 레시피가 바로 저만의 레시피일지도 모른다고 스스로 자부합니다. 저는 제 아이에게 건강에 좋고 맛도 좋은 요리를 만들어 줄 때, 다른 레시피나 기성 제품을 전혀 참고하지 않고 오로지 제 생각만으로 만들었습니다. 그리고 이렇게 탄생한 레시피를 포스팅하자 저와 같은 생각을 하는 엄마들이 열렬한 감사와 격려의 메시지를 보냈습니다. 이런 격려와 응원 덕분에 지금까지 했던 것처럼 초심을 잃지 않고, '가루마스타-하얀쿡'만의 레시피를 계속 만들 수 있었습니다.

이렇게 개발한 레시피와 요리 제품은 저만의 가치를 담은 제품이 되었습니다. 혹시 비슷한 제품이 있더라도, 아이의 행복과 건강 그리고 바쁜 엄마들이 쉽게 간편하게 따라 하면서도 엄마의 정성을 올곧이 담으려는 유아식에 대한 제 가치만은 절대 따라 할 수 없기 때문입니다. 저는 제품을 개발하는 사람의 가치와 원칙이 제품에 담길 때, 비로소 진정한 차별성이 만들어진다고 확신합니다. 만일 비용이나 이익만을 생각하며 가성비를 앞세워 제품을 개발한다면, 이런 제품은 스마트스토어나 쿠팡에서 얼마든지 대체 제품을 구할 수 있을 것입니다.

여러분도 인스타그램을 통해서 자신의 제품을 개발하여 수익을 만들고 싶다면, 형식이나 방법을 모방하지 말고, 자기만의 가치를 담는 제품을 만들기 위해 노력하기 바랍니다. 방법이나 형식은 참고하되, 자신만의 가치와 철학은 포기하지 말기 바랍니다. 자신만의 가치와 철학이 담긴 제품이야말로 퍼스널브랜드가 개발한 제품의 가장 큰 경쟁력이기 때문입니다.

마지막 당부

나만의 콘텐츠로
인스타그램이라는 바다에 돛을 올려보세요

돌이켜 생각해 보면, 제 삶의 변화는 인스타그램이라는 거대한 바다에 올라타 제가 좋아하고 잘하는 것을 저만의 콘텐츠로 만들면서 시작되었습니다. 처음 시작할 때만 해도 제가 하얀쿡이라는 인플루언서로 성장하리라고는 전혀 상상하지 못했습니다. 하지만 제 아이를 위해 건강하고 맛있는 유아식을 만들어 주고 싶은 엄마의 꿈을 놓치지 않고 앞만 보며 달려왔기 때문에 여기까지 왔다고 생각합니다.

여러분도 자신이 좋아하고 잘하는 일이 있다면, 주저하지 말고 이것을 자신만의 콘텐츠, 곧 세상에 하나뿐인 콘텐츠로 만들어 공유해 보기 바랍니다. 처음에는 인스타그램이라는 거대한 바다에 떠 있는 작은 돛단배처럼 속도도 느리고 풍랑을 만나 흔들릴 때도 있지만, 여러분의 콘텐츠의 진가를 알아주는 사람들이 모이기 시작하고, 이분들과 함께 노를 저어 나가다 보면 여러분에게 새로운 기회가 열릴 것입니다.

인스타그램이라는 큰 바다에서 나만의 콘텐츠로 돛을 올려 '원하는 모습으로 원하는 곳에서 원하는 일을 하고 싶은' 바람과 목표를 향해 순항하기를 응원하겠습니다.

제 작은 경험이 여러분의 항해에 작은 도움이 되기를 바랍니다.

20대, 인스타그램으로 돈이 아닌 기회를 발견하기

학선배

학선배는 2030 세대가 함께 책을 읽고 대화를 나눌 수 있는 온·오 프라인 커뮤니티를 만들기 위해 노력하는 인플루언서입니다. 특히 독서에 대한 동기 부여뿐 아니라 독서를 지속할 수 있는 도움을 주기 위해 '지독한 북클럽'을 운영하면서 마케터로서의 커리어를 만들고 있습니다.

01

입대하면서 시작한
인스타그램

입대할 때 챙겨간 5권의 책

대다수 20대처럼 저도 처음부터 책을 좋아하지는 않았습니다. 저에게 책은 항상 어렵고 먼 존재였습니다. 학교에서 읽으라고 권장하는 책은 하나같이 어려웠고 제 관심과 먼 재미없는 얘기로 가득했습니다. 고등학교에 다니는 동안 서울대학교에서 정한 고등학생 필독서나 추천 도서를 억지로 읽다가 졸기 일쑤였습니다. 대학생이 되어서도 크게 달라지지 않았습니다.

그러던 스물한 살 초겨울, 군에 입대하면서 제 인생에도 터닝 포인트가 찾아왔습니다.

'2년이라는 짧지 않은 군 복무 기간에 뭐하지…?'

문득 지난 대학 생활을 돌아보니 수업을 듣고, 과제를 하고, 학점을 따기 위해 열심히 노력한 것 같기는 한데 뭔가 아쉬운 감정이 들었습니다. 특히 코로나로 대학교 1학년부터 비대면으로 수업을 들어야만 했던 저는, 학교 선배나 사촌 형한테 들었던 낭만적인 대학 생활을 전혀 경험하지 못했습니다. 코로나 때문에 저에게 입학 동기는 핸드폰이었고, 비대면 수업은 선택의 여지가 없는 대학 생활의 대부분이었습니다.

아쉬운 감정을 뒤로 한 채 입대 준비를 하면서, 우선 핸드폰을 가까이하는 습관을 바꾸기로 결심했습니다. 어쩌면 핸드폰은 제 생활의 전부였지만, 새로운 환경에서도 핸드폰과 함께한다면, 전역하고 나서도 이전에 느꼈던 똑같은 아쉬운 감정이 들 것 같았습니다. 핸드폰을 내려놓고 무엇을 가져갈까 고민하다, 불현듯 군 복무 기간에 책을 읽으면 나중에 어떤 일을 하든지 도움이 될 거라는 생각에 책상 옆에 있던 책 5권을 챙겨 넣었습니다. 입대 후 코로나 확산을 막기 위해 모든 훈련병이 2주 격리 생활을 할 때, 저는 챙겨온 책을 읽으며 요긴하게 시간을 보냈습니다. 그렇게 5권의 책과 함께 스무 살 '학선배'의 독서 라이프가 시작됐습니다.

지금 생각하면, 입대할 때 책을 가져간 것은 탁월한 선택이었습니다. 책을 매일 읽기 시작하면서, 이전에는 전혀 경험하지 못한 저 자신과 대화하는 시간을 가질 수 있었기 때문입니다. 핸드폰 없이 세상과 떨어져서 오직 저 혼자만의 시간을 가진 적은 이때가 처음이었습니다. 늦은 밤, 부대 독서실 책상 앞에서 혼자 책을 읽다가 '나는 이때 이랬지', '어떻게 하는 게 더 좋았을까?', '앞으로는 어떻게 살아야 할까?'라고 질문하면서 생각에 잠기곤 했습니다. 이때 사색이라는 게 무엇인지, 사색으로부터 오는 고요함과 즐거움이 어떤 것인지 난생처음 경험했습니다. 저 자신을 이해하고 성찰하면서 내면이 단단해지고 있음을 발견했습니다. 그뿐만 아니라 경제경영서, 자기계발서와 같은 실용서를 읽고 학교에서 배우지 못한 자본주의, 비즈니스, 재테크, 마케팅, 브랜딩에 관해 조금이나마 이해하게 되면서, 요즘 시대가 어떻게 흘러가고 있으며, 그 속에서 어떻게 살아야 할지 기준을 스스로 정립해보기도 했습니다.

스물한 살 그리고 북스타그램

군대에서 열심히 책을 읽으며 독서 습관을 만든 뒤, 그걸 기반으로 '학선배'라는 인스타그램을 시작했습니다. 그런데 사실 인스타그램을 시작하기 전에는 돈을 벌고자 다양한 시도를 하다 모두 포기했었습니다. 비록 큰돈은 아니었지만, 코로나 때 누구나 다 하는 주식과 코인 투자를 하다 실패를 경험했습니다. 당시 유행하던 스마트스토어는 사업자 등록까지 했다가 막상 두려움 때문에 시작도 못하고 포기했습니다. 크게 마음먹고 시작한 블로그도 오래가지 못했습니다. 이런저런 시도를 하다 포기하거나 실패하는 경험을 하면서 스스로 '왜?'라는 질문을 던졌습니다.

'왜 나는 지속하지 못할까?'

결론은 시류에 따라 유행하는 SNS 콘텐츠를 보면서 제가 좋아하고 잘할 수 있는 일이 뭔지, 지속할 수 있는 일이 뭔지 따져보지 않고, 그저 남이 좋다고 말한 것을 아무 생각 없이 따라 한 게 문제였습니다.

그래서 가장 먼저 '돈을 쉽게 벌려고 하는 마음'을 버렸습니다. 정직하고 올바른 방식으로 최선을 다해 노력해서 성과를 내는 것, 그 길이 맞는다고 생각했습니다. 설령 어렵더라도 옳은 길을 가야겠다고 결심했습니다. 쉽게 이룬 성취는 쉽게 잃어버리게 될 것 같았습니다. 무엇보다도 저 자신과 주변 사람들에게 당당하고 싶었습니다. 빠르게 가는 것도 좋지만, 바르게 가는 것이 단단하게 롱런할 수 있겠다는 결론을 내렸습니다. 이런 생각의 변화를 거치는 데에 책의 도움을 많이 받았습니다.

제가 독서와 글쓰기에 열정과 호기심을 느끼던 당시, 군대에는 주변에 같이 책을 읽거나 책에 관해 대화를 나눌 친구가 없었습니다. 다들 책에는 전혀 관심이 없었습니다. 제 눈에 비친 동기들의 모습은 입대하기 전 제 모습과 크게 다르지 않았습니다. 일과가 끝나면 생활관에서 핸드폰을 하며 놀거나, 자격증 공부를 하는 사람이 많았습니다. 자기 계발을 목적으로 책을 읽는 건 저 혼자만의 독특한 취미였습니다.

그 당시 읽었던 책에서 '인스타그램은 사람들과 서로 소통하는 플랫폼'이라는 문구를 보고 상당한 호기심이 생겼습니다. 실제로 데이터를 검색하고 알아보니 인스타그램은 제가 대화하고 싶은 20대와 30대가 일상적으로 소통을 위해 사용하는 플랫폼이었습니다. 군 생활을 하면서 함께 독서 활동을 하는 친구가 없어 외로움을 느끼던 차에, 인스타그램은 저에게 하나의 불꽃으로 다가왔습니다.

생각해보니 북스타그램을 운영한다면 장점이 너무나 많을 것 같았습니다. '다른 사람이 보는 SNS 공간에 글을 올리기 때문에 자기 생각을 논리적으로 다듬게 되고, 스스로 좋은 글을 쓰기 위해 신경을 쓰게 된다.', '독후감을 쓰면서 읽었던 책을 한 번 더 복습하게 되어 책의 전체적인 흐름이나 중요한 부분을 제대로 소화하고 자기 생각을 정리하게 되는 효과가 있다.'. 이 두 가지만 해도 저에게 큰 도움이 될 것 같았습니다. 무엇보다도 전역하고도 내 것이라 할 수 있는 것이 뭔가 남을 것 같아서, 인스타그램에 관한 몇 권의 책과 유튜브로 공부를 한 다음 곧바로 북스타그램을 시작했습니다.

좋아하는 일을 했더니 벌어진 일

막상 시작해보니 북스타그램은 저에게 잘 맞았습니다. 주변에 책을 읽는 사람이 아무도 없었기 때문에, 책을 읽는 분들과의 소통이 재미있었습니다. 독서를 응원하고 제 생각에 공감해주시는 분이 점점 늘어나면서 그만큼 만족감도 커졌습니다. 덕분에 누가 시키지도 않았는데 책을 더 열심히 읽고 글을 더 자주 쓰게 되었습니다. 스스로 할 수 있는 최선을 다해보자는 마음에, 쉬는 시간을 줄여서 한 달에 15권의 책을 읽기도 했습니다. 주말이면 누워서 핸드폰만 보던 제가 햇살을 받으면서 온종일 책을 읽던 기억은 지금 생각해도 뿌듯합니다.

책을 읽으면서 인풋이 쌓이니 제 생각을 밖으로 표현하고 싶은 마음에 자연스레 글을 쓰고 싶어졌습니다. 책을 읽고 글을 쓰다 보니 인스타그램에 1일 1 피드를 몇 개월 동안 지속하기도 했습니다. 블로그를 한 달 만에 포기했던 저에게는 신기한 일이었습니다. 좋아하는 일을 해야 한다는 말의 의미는 이런 게 아닐까요. 오늘 어떤 일을 하면서 즐거움과 의미를 느끼고, 내일도 하고 싶어지는 것 말입니다.

책을 읽고 글을 쓰며 사람들과 소통하는 게 좋아서 북스타그램을 계속했지만, 항상 즐겁지만은 않았습니다. 콘텐츠를 올리는 일이 스트레스로 다가온 적도 있었고, 들인 노력에 비해 기대한 만큼의 결과가 나오지 않아 실망감을 느낀 적도 꽤 있었습니다. 하지만 결국에는 내가 좋아하는 일이라서 포기하지 않을 수 있었습니다. 오히려 더 잘 해내고 싶다는 욕심이 들면서 최선을 다했습니다. 포기하지 않고 끈질기게 매달렸고, 좋아하기 때문에 더 잘하려고 노력했습니다. 이렇게 했더니 북스타그램을 통해 개인적인 성장의 기회를 잡았고 제 가능성도 확인할 수 있었습니다.

02

'나'를 움직이게 하는 것,
브랜드 이름, 슬로건, 북클럽

한발 앞서 독서를 이끌며 함께 가는 이름 - 학선배

제 인스타그램 이름을 잘 지었다는 말을 자주 듣습니다. 학선배라는 이름은 제 실제 이름에서 따온 '학'과 직함(선생, 팀장, 사부, 대리)을 뜻하는 '선배'의 콜라보입니다. 20대 청년들의 자기 계발 독서를 도와주는 게 제 북스타그램의 핵심 콘셉트라, 직함을 넣어서 전문성과 신뢰를 강조하고 싶었습니다. 아무도 사용하지 않는 직함을 찾기 위해 몇 날 며칠을 고민하다 문득 '선배'라는 단어가 떠올랐습니다. 대단한 전문가도 아니고, 그저 한 발짝 앞서서 독서를 이끌어주며 함께 가고 싶은 제 역할에 아주 잘 어울린다고 느껴서, 곧바로 이름을 학선배로 정했습니다. 저도 이름을 학선배라고 지은 건 정말 좋

학선배의 프로필 이름과 슬로건

은 선택이었다고 생각합니다. 저 또한 학선배라는 이름 그대
로 책을 통해 공부하고 배우는 선배가 되려고 계속해서 노력
하게 되니 말입니다. 제가 북스타그램을 운영하는 의도대로

사람들이 저를 독서와 자기 계발 선배로 인식하게 된 것도 이름 덕분입니다.

학선배를 움직이게 하는 슬로건

군대에서 휴가를 나올 때면, 지하철에서 책을 읽기로 스스로 약속하고 실천했습니다. 집에서는 침대도 있고 쉬고 싶은 마음에 책 읽기가 어려웠지만, 어차피 무언가를 하며 보내야 하는 이동 시간에 지하철에서 책을 읽었더니 집중이 잘 되었습니다. 지하철에서 사람들이 핸드폰을 볼 때, 저 혼자 책을 읽는다는 사실에 괜스레 뿌듯함을 느끼기도 했습니다.

그러던 어느 날, 지하철에서 책을 읽다 고개를 들어보니, 저 또래의 사람들이 모두 고개를 숙여 손바닥만 한 작은 화면을 뚫어지게 바라보고 있는 것이 눈에 들어왔습니다. 지하철뿐만 아니라 신호등 앞에서도, 버스 정류장에서도, 누군가를 기다릴 때도, 핸드폰을 보는 것이 거의 습관처럼 자연스러운 행동이 되어버린 것 같았습니다. 생각해보면 저도 그런 모습을 가지고 있었습니다. 이런 작은 화면에 지나칠 정도로 우리의 시간을 뺏기고 있는 저와 제 또래들의 모습에 대해 많은 생각을 했습니다.

'책을 읽지 않는 내 또래들도 책의 장점을 느끼고 독서 습관

을 갖는다면 좋지 않을까?'

'작은 15cm의 화면이 제공하는 콘텐츠가 아니라, 정제된 깊은 지식을 담고 있는 책이라는 콘텐츠를 소비하는 습관을 함께 만들어 볼 순 없을까?'

'누군가 그런 역할을 할 수 있다면, 내가 해보면 되지 않을까?'

이런 고민을 통해서 '20대 모두 지하철에서 책 읽는 그 날까지!'라는 학선배의 인스타그램 슬로건이 탄생했습니다.

제 책상 앞에는 1,440이라고 쓴 포스트잇이 붙어 있습니다. 하루 24시간, 곧 1,440분은 돈이 많든 적든 누구에게나 매일 똑같이 주어지는 선물이라는 말을 잊지 않기 위해서입니다. 저는 이 말의 의미를 저 혼자만이 아니라 또래 친구들, 나아가 대한민국 20대 청년들과 독서를 통해서 함께 실천하고 싶습니다. 그렇다고 하루 24시간 매 순간을 모두 최대한 효율적이고 생산적으로 쓰자는 말은 아닙니다. 생산성은 중요하지만, 누구에게나 친구나 가족과 즐겁게 대화하며 보내는 시간, 자신이 좋아하는 것을 누리는 시간, 가볍게 산책하는 시간도 중요합니다. 제가 말하고 싶은 것은 자신에게 매일 주어지는 시간을 어떻게 생각하고 사용하고 있는지를 돌아보고, 함께 그 시간을 건강하게 사용해보자는 것입니다. 그것은 내 삶의 균형과 행복을 위한 것입니다. 그리고 하루 30분 혹은 1시간의 독서가 그것을 도우리라 생각합니다.

'20대 모두 지하철에서 책 읽는 그 날까지!'라는 슬로건에는 의미 없어 보이는 평범한 하루하루에 의미를 부여하는 독서의 여정을 대한민국 모든 20대와 함께 하고 싶은 저만의 소박한 바람을 담았습니다. 20대가 모두 지하철에서 핸드폰이 아닌 책을 보는 문화가 만들어진다면 어떨까요? 만약 제 슬로건이 이루어지는 날이 온다면, 우리 모두 책을 통해서 자신의 성장과 행복한 삶을 함께 만들어갈 수 있지 않을까요?

학선배

독서 환경 만들기

　제가 책 읽기를 좋아하게 된 계기는 군대라는 환경 덕분이라고 할 수 있습니다. 매일 핸드폰 사용 시간이 정해져 있어서 놀고 싶은 유혹에서 벗어나기 쉬웠고, 군대에서 시간을 흘려보내면 아깝다는 생각이 들면서 계속해서 독서를 했습니다. 그때 저는 독서에서 환경의 힘도 의지 못지않게 중요하다는 점을 깨달았습니다. 제 의지보다 환경의 힘을 이용하는 게 더 쉽다는 것을 체험했습니다. 의지는 쉽게 꺾이고 지속력이 약하지만, 환경은 한 번 설정되면 무언가 지속하는 데 큰 힘이 들지 않게 하기 때문입니다.

　하지만 북스타그램을 운영하면서 제 경험과 다르게, 많은 분이 책을 읽기 위한 환경이 마련되지 않은 상태에서 무작정 독서를 지속하려고 애쓴다는 사실을 알았습니다. 저에게 독서 상담 DM을 보낸 분들이 대부분 독서를 꾸준히 하지 못하는 원인을 '환경'이 아니라, 책을 꾸준히 읽지 못하는 '자신의 의지' 탓으로 여기고 있었습니다. 이런 사연과 고민을 보면서, 군대라는 환경에서 1년 동안 독서를 지속할 수 있었던 경험을 토대로 독서에 대해 고민하는 분들에게 독서를 지속할 수 있는 환경을 마련해드리고 싶은 마음이 생겨, 독서 모임 '지독한 북클럽'을 시작했습니다.

처음에는 내가 독서 모임을 만들면 과연 몇 분이나 참여할까 하는 의구심이 들면서 걱정이 많았습니다. 이런 걱정 때문에 책을 읽어가며 고민을 거듭하다 독서 모임을 만들기 전에 팔로워들과 소통하며, 독서 모임과 관련된 이슈를 하나씩 함께 논의해보면 좋겠다는 생각이 들었습니다.

　생각이 여기에 미치자 가장 먼저 독서 모임 이름 짓기 이벤트를 진행했습니다. 생각보다 많은 분이 '이번 역은 지독행', '군계일학', '독학', '학구열차' 등 다양하고 개성이 넘치는 이름을 제안했습니다. 팔로워들이 제안한 이름을 토대로 처음 독서 모임을 시작할 때의 이름은 '독학'으로 정했습니다. 스스로 책을 통해 공부하는 법을 알려드리고 싶은 제 마음을 가장 잘 표현했기 때문입니다. 하지만 지금은 독서 모임 이름을 '지독한 북클럽'으로 변경했습니다. '독학'보다는 '지독한 북클럽'이 '20대 모두 지하철에서 책 읽는 그 날까지!'라는 지독한(!) 슬로건과 더 잘 어울린다고 생각하기 때문입니다.

　이름 짓기 이벤트를 통해서 독서 모임에 대한 니즈를 확인한 뒤에 독서 모임을 시작했더니 여러 가지 장점이 있었습니다. 따로 광고비를 들여 마케팅하거나 홍보하지 않아도 저를 신뢰하는 분들의 관심을 받았습니다. 이를 기반으로 진정성을 담은 독서 모임 모집 안내 글을 작성해서 공유하자, 12

독서 모임 이름을 함께 짓는 스토리

년 차 대기업 기획자, 7년 차 프로그래머, 3년 차 스타트업 마
케터, 대학생 등 다양한 분야에서 일하는 분들이 독서 모임에
지원해 주셨습니다. 덕분에 다양한 분들과 함께 독서를 통한
성장의 시간을 가졌습니다. 이렇게 독서 모임은 제가 걱정했
던 것과는 달리 성공적으로 시작할 수 있었습니다.

모임이 진행될수록 혼자서 책 읽는 것은 어렵지만, 다른 사람과 함께 하는 독서의 긍정적인 면을 체감하는 분들이 많았습니다. 여러 사람과 함께 하다 보니 더욱 즐겁게 독서를 할 수 있다고 했습니다. 나아가 환경이 다른 사람이 모여 서로 생각을 나누다 보니 같은 내용이라도 다양한 인사이트를 얻을 수 있다고도 했습니다.

독서 모임을 운영하면서 저에게도 예상하지 못한 큰 소득이 있었습니다. 저라는 사람이 누군가의 성장을 바라고 돕는 일에 열정을 느낀다는 사실을 알게 되었습니다. 덕분에 앞으로 20대를 살면서 더 많은 분의 성장을 돕고 싶다는 삶의 방향성을 세울 수 있었습니다.

저는 서로 생각을 공유하고 타인의 이야기와 경험을 배울 수 있는 독서 모임을 통해서 우리가 더 큰 세계관을 형성하고 함께 발전할 수 있다고 생각합니다. 만일 제가 단지 혼자서 책을 읽는 습관을 만드는 것에 만족하고 거기에서 생각과 행동을 멈추었다면, 아마 지금처럼 활동하지는 못했을 것입니다. 저는 앞으로도 삶에 열정을 지닌 다양한 사람들이 모여 서로 자극과 영감을 주고받는 장으로서 '지독한 북클럽'을 더욱 발전시킬 계획입니다.

학선배

지속성의 힘은 꾸준히 자신의 성장을 기록하는 것

인스타그램을 하는 분들이 대부분 기대한 성과가 나오면 한없이 기쁘고, 기대한 성과가 나오지 않으면 한없이 우울해지곤 합니다. 인스타그램을 처음 시작할 때는 누구나 열심히 합니다. 일주일에 몇 편이 넘는 글을 쓰고, 하루 1시간 이상 다른 인스타그램 계정의 사람들과 소통을 합니다. 그러면서 인스타그램을 꾸준히 지속하는 자신의 모습에 뿌듯함과 재미를 느낍니다. 그런데 계정 운영을 몇 달 동안 열심히 했는데 생각보다 사람들의 반응이 크게 늘지 않습니다. 다른 계정은 잘만 성장하는데 내 계정은 성장할 기미가 안 보이면, 그때 비교를 하게 되면서 조급한 마음이 들기 시작합니다. 콘텐츠를 계속 올려보지만, 애석하게도 다른 계정처럼 알고리즘을 타지 못합니다. 점차 흥미를 잃게 되고, 결국에는 이걸 왜 하고 있나 싶어 고민하다 이 시간에 다른 걸 하는 게 낫겠다는 생각이 들며 그만둡니다.

인스타그램을 하면서 이렇게 조급함이라는 감정을 느끼며 어려움을 겪는 분이 많을 거라 예상합니다. 1년이 넘게 인스타그램을 하면서 그동안 많은 분을 만나고 소통해왔지만, 지금까지 인스타그램 계정을 운영하고 계시는 분들은 그리 많지 않습니다. 지금까지도 인스타그램 계정을 운영하고 계신 분들은 대부분 1만 팔로워에 근접하거나, 1만 팔로워를 훌쩍 넘어버린 분들입니다. 생각해보면, 꾸준함이 성과에 영향을 미치기도 하고, 성과가 꾸준함에 불을 지피기도 했을 것입니다. 반대로 포기한 분들에게는 기대보다 낮은 성과가 꾸준함에 안 좋은 영향을 주었을 것입니다.

제가 말씀드리고 싶은 것은, 우리가 지금의 결과에 지나치게 기뻐하거나 슬퍼하지 말고 꾸준히 나의 성장을 기록하는 것으로 인스타그램을 대해야 한다는 점입니다. 물론 좋은 성과를 내기 위해 계속해서 공부하고 노력하는 건 필요합니다. 다만 시작한 것을 쉽게 포기하지는 않으셨으면 좋겠습니다. 포기하는 것도 습관이니까요. 적어도 6개월, 1년 이상을 길게 바라보고 인스타그램을 지속하기 바랍니다. 그 시간 동안 나의 실력을 쌓고, 그것을 정보와 스토리가 담긴 좋은 콘텐츠로 만들어 공유하는 겁니다. 그렇게 꾸준히 하다 보면, 나도 모르는 사이에 기회가 맞닿아 좋은 결과가 생깁니다. 저도 8개월 동안 팔로워가 9,000명에서 멈춰 서 있었습니다. 하지만 손을 놓지 않고 계속해서 책을 읽고 좋은 콘텐츠를 만들려고 노력하다 보니, 나름대로 반응이 좋은 릴스를 만들게 되어서 팔로워가 1만 명이 될 수 있었습니다.

좋은 콘텐츠를 만들기 위해서는 많은 콘텐츠를 만들어 보는 경험도 필요합니다. 따라서 한 달간은 일주일에 최소 3개 이상의 콘텐츠를 만들어가며 콘텐츠에 대한 감을 높이는 습관을 들여보시길 추천합니다.

03

계정을 성장시키는
콘텐츠 기획 전략

주목받는 스토리텔링

저도 역시 처음에는 인스타그램에 올린 글이 좋은 반응을 얻지 못했습니다. 초반에는 그저 매일 꾸준히 글을 쓰는 습관을 들이는 것에 의미를 뒀습니다. 그러다 어느 날, 제 이야기를 새롭게 구성하여 콘텐츠를 만들었더니 이전과는 다르게 엄청난 반응을 얻기 시작했습니다. 400명에 불과한 팔로워가 한 달 만에 5,000명이 된 겁니다. 대체 어떤 이유로 사람들의 반응이 이렇게 달라졌을까요?

다음 피드는 탐색탭에 노출되어 학선배 계정의 팔로워를 2,000명 넘게 증가시킨 효자 중의 효자 카드 뉴스입니다.

이 피드의 스토리는 전형적인 영웅의 이야기 구조입니다.

스토리텔링 콘텐츠 성과

이야기하려고 하는 주제에 대해 저의 과거부터 언급하며 시
작하는 것이 핵심이었습니다. 조금 더 구체적으로 말씀드리
면, 우선 이 콘텐츠는 정보성 콘텐츠라기보다는 저의 스토리
를 담은 카드 뉴스였습니다. 인스타그램에는 20대 초반에 열
심히 책을 읽고 노력하는 캐릭터가 많지 않기 때문에, 이런
콘텐츠가 공감을 끌어낼 가능성이 클 것으로 판단했습니다.

그리고 저와 비슷한 주제로 계정을 운영하는 분의 콘텐츠에서 반응이 좋았던 카드 뉴스가 딱 이러한 스토리 형식이어서 차용을 해 봤습니다.

성격	정보성 콘텐츠			
지속성	주1회 가능			
찾은 주제	20대 초반에 열심히 사는 이유를 담은 카드 뉴스가 반응이 좋은 것을 확인			
예상 소비자	시간을 잘 활용해 열심히 살고자 하는 2030			
목적	정보전달&콜투액션 팔로잉 유도			
	구분	진행순서	페이지 기획	텍스트 기획
1페이지	챕터1	궁금증	이유가 궁금하도록 호기심 유발	22살인 내가 매일 5시간 책 읽고 글 쓰는 이유
2페이지	챕터1	과거	과거 실패 경험 공유	나는 20살부터 창업. 돈에 관심이 많았지만, 쉽고 빠르게 가려고만 했다.
3페이지				그래서 게으름의 대가를 치렀다
4페이지	챕터2	변화의 기점	변화하게 된 계기로 바로 이어짐	나는 뭔가를 이루기 위해 독서와 글쓰기로 기반을 다지기로 결심했다.
5페이지	챕터2	현재	작은 성공의 경험 공유	시작은 평험했다. 그러다가 점점 읽는 책이 쌓이면서 읽는 시간이 길어졌다.
6페이지				그리고 지금은 하루에 5시간 이상 책을 읽고 글을 쓴다.
7페이지	챕터3	미래	이유와 함께 미래 지향적 태도 전달	내 손으로 무언가를 이루기 위해서, 내 가치를 직접 높이기 위해서다.
8페이지	목적	콜투액션	현재의 독자에게 질문 및 댓글 유도	여러분은 무엇을 목표로 어떤 행동을 할 것인가요?

학선배의 스토리텔링 카드 뉴스 기획서

카드 뉴스 섬네일 사례

1쪽 : 호기심을 유발하는 제목

나의 타깃이 피드에 올린 콘텐츠를 보고 싶게 하는 데 가장 중요한 역할을 하는 것이 바로 섬네일입니다. 섬네일은 일단 잘 보여야 하고 궁금증을 갖게 해야 하므로, 제목이 잘 보이도록 큼지막한 글씨로 제 개성을 담은 폰트와 색깔을 사용해서 만들었습니다. 제목 카피는 '22살인 내가 매일 5시간 책 읽고 글을 쓰는 이유'라는 직관적이고 호기심을 가질 만한 것으로 했습니다. 그리고 다른 분의 콘텐츠를 참고해서 제 콘텐츠의 반응과 지속 시간을 늘리고자 '좋아요'와 '다음 쪽으로 넘기는 것'을 무의식적으로 유도했습니다.

2~3쪽 : 다음 장을 읽고 싶게 만드는 문장 배치

바로 다음에 나오는 2쪽에는 '과거의 내 모습'을 솔직하게 공유했습니다. 지금보다 부족했던 실제 제 경험을 적었습니다. 이때 카드 뉴스 한 쪽이 꽉 차도록 문장을 몰아넣어서는 안 됩니다. 그렇게 하면 가독성이 떨어져 읽고 싶은 마음이 사라지고 맙니다. 따라서 글이 잘 읽히도록, 읽는 사람의 관점에서 문장을 배치해야 합니다. 해당 쪽의 끝부분에 '결과

22살인 내가
매일 5시간
책 읽고
글 쓰는 이유

열으로 밀어서 확인해보기 》》 카드 뉴스 1쪽

나는 20살부터
창업, 돈에 관심이 많았다.

알바로 번 돈을 가지고 주식을 시작했고
블로그, 스마트 스토어 공부도 했었다.

그런데 시간을 투자해서
책을 읽거나 기업을 공부하는 등
해야 하는 건 안 하고

쉽고 빠르게 가려고만 했다.

결과는 뻔했다.

게으름의 대가를 치렀다.

주식은 손해를 봤고,
블로그는 한 달 하다가 포기했고,
스마트스토어는 용기가 안 나서 시작도 못했다.

창피해서 남들에게 말도 안 했다.
지금 이 글로 처음 밝히는거다.

왜 말하는 거냐고?

**나도 계획을 어기고 실패하는
평범한 사람이라는 걸 말하고 싶어서다.**

》》 카드 뉴스 2~3쪽

학선배

하지만 잘한 것도 한 가지는 있다.

20살, 21살에 사회적 기업 창업 동아리에
모든 에너지와 시간을 갈아 넣었던 것이다.

이 경험을 통해 내가
'무언가를 이루어내는 것을 좋아한다'는 걸
알게 되었다.

그리고 22살,
나는 자청님의 유튜브 영상과 블로그 글을 보고
무언가를 이루기 위해
독서와 글쓰기로 기반을 다지기로 결심했다.

»

시작은 평범했다.

처음에는 게으른 탓에 글쓰기는 꿈도 못 꾸고
2주에 한 권 독서를 목표로 했다.

그러다가 점점 읽는 책이 쌓이면서 읽는 시간이 길어졌다.

**스마트폰으로 유튜브를 보는 대신
책을 읽고 글을 쓰기 시작했다.**

절제하기는 힘들었지만
하루를 마치고 뿌듯함을 느끼면서 지속할 수 있었다.

» 카드 뉴스 4~5쪽

는 뻔했다'와 같이 다음 쪽으로 넘겨서 어떻게 되었는지 확인하고 싶게 하는 것도 중요합니다. 독자의 심리를 이해하고 유도하는 겁니다.

3쪽에는 '실패의 경험 혹은 사건'을 나열했습니다. 이렇게 하면, 글을 읽는 사람이 '나랑 크게 다르지 않은 사람이네'라며 공감을 할 뿐 아니라, '이 사람 솔직해서 좋다'라는 생각을

마지막 질문 하나

그렇다면,

여러분은 무엇을 목표로, 어떤 행동을 하실 건가요?

WHY가 우리를 행동으로 이끌 거라고 믿습니다!

생각이 안 나시면 일단 책부터 읽어보시길!

»

누구나 가능하다. 정말!

내가 책 읽고 글 쓰는 이유는 간단하다.

'내 손으로 무언가를 이루기 위해서다.'
'그리고 내 가치를 직접 높이기 위해서다.'

이 WHY를 품고 나는 계속 공부한다.

몇 개월만 더 공부하고 실천하면
큰 성과를 만들어낼 수 있을 것 같다는 생각이 든다.

» 카드 뉴스 7~8쪽

하게 합니다.

4~6쪽 : 스토리 전환

1~3쪽에 과거 저의 실패 경험을 적었다면, 4쪽부터는 그 이후를 담았습니다. 4쪽에는 '변화와 성장의 필요성 인지'로, 스스로 생각의 변화가 생겨 이전의 실패를 극복하기 위해 뭔가

를 결심했다는 뉘앙스를 담았습니다. 그리고 5~6쪽에서 '현재까지의 노력이 어떠했는지'를 간략하게 요약했습니다. 과거의 실패 경험을 바탕으로 어떤 노력을 해왔는지를 공유하는 것은 그 모습을 상상하게 하면서 공감을 유도하게 됩니다.

7~8쪽 : 독자에게 질문 제시

7쪽에는 제가 책을 읽고 글을 쓰는 이유가 '미래를 향한 제 자신의 목표'를 위해서라는 점을 표현했습니다. 긍정적이고 도전적인 모습을 보여줌으로써 함께 힘을 내자는 마음의 표현이었습니다. 이를 통해 독자는 저와 함께 긍정적인 마인드로 동화하게 됩니다.

마지막 8쪽은 독자에게 질문을 제시했습니다. 곧 '여러분은 무엇을 목표로 어떤 행동을 하실 건가요?'라는 질문으로 댓글을 유도하며 카드 뉴스를 마무리했습니다. 저는 주로 동기 부여나 정보성 콘텐츠를 올리기 때문에, 질문을 던짐으로써 독자가 잠시 멈추어 스스로 생각하도록 이끄는 방법을 즐겨 사용합니다.

여러분도 막상 이런 구조로 카드 뉴스를 만들어 보면 그리 어렵지 않습니다. '과거-현재-미래'의 순으로 콘텐츠를 빌드 업한다고 생각하시면 됩니다.

중요한 것은 솔직하게 나의 이야기를 꺼낼 수 있는 용기를 가지는 겁니다. 모르는 사람들에게 나를 오픈한다는 것이 쉽지는 않습니다. 하지만 사람들은 여러분의 연약함에 공감하고 응원을 보내줄 가능성이 매우 큽니다. 저뿐만 아니라 다른 인스타그래머들도 솔직한 얘기를 통해서 사람들에게 많은 공감을 받았습니다. 나의 실패 경험 혹은 연약한 부분을 이야기하면, 사람들은 그것을 보고 자신의 모습을 떠올리며 댓글로 응원하면서 서로 함께한다는 소속감을 느낍니다.

항상 위에서 언급한 스토리 구조에 맞게 글을 작성할 수는 없습니다. 실패에 대해 계속해서 얘기하는 것도 신뢰를 떨어뜨리는 요소가 될 수도 있습니다. 저는 평범한 사람이 인스타그램에 콘텐츠를 올리는 것을 영웅의 스토리를 쌓아가는 과정이라고 생각합니다. 따라서 실패의 경험을 이야기했다면, 그 후로는 과거에 머무르지 않고 현재를 살아가며 노력하는 과정을 차곡차곡 콘텐츠에 담았습니다. 현재 무엇을 하고 있고, 어떤 것을 배우고, 어떤 생각을 하는지를 공유했습니다.

제가 추구하는 인스타그램은 하나의 대박 콘텐츠가 아니라, 포스팅하는 전체 콘텐츠를 통해서 과거를 극복하고 현재를 충실히 살아가며, 더 나은 미래를 만들어가는 과정을 공유하는 것입니다. 이렇게 하려면 매일매일 콘텐츠만 계속 만드는 게 아니라, 현실에서 자신이 추구하는 가치를 위해 성장하기 위한 노력이 반드시 동반되어야 합니다. 적은 시간이라도 매일 꾸준히 무언가를 하고, 스스로가 주도적으로 도전하고 개선해 나가는 과정이 필요합니다. 인스타그램에는 그 과정을 공유하기만 하면 되는 겁니다. 어렵게 다가갈 필요가 없다고 생각합니다. 나라는 영웅의 스토리를 그려보고 실제로 그 모습을 실천하며 콘텐츠를 쌓아갈 때, 나의 성장 스토리가 사람들에게 공감받을 확률이 높을 뿐 아니라 시간이 지나면서 이런 모습이 실제로 공감을 받게 됩니다.

거인의 어깨에서 배우는 벤치마킹

아직 20대인 저는 인스타그램도 결국 비즈니스의 한 형태라고 생각합니다. 따라서 인스타그램을 통해 단순히 팔로워 모으기를 넘어 자신이 기대하는 성과를 내려면 전략이 있어야 합니다. 여러 가지 전략이 있겠지만, 제가 말씀드리고 싶은 것은 딱 한 가지입니다. 이 한 가지를 제대로 할 줄 안다면 시행착오를 꽤 줄일 수 있습니다. 그것은 바로 '벤치마킹'입니다.

누구든 인스타그램 콘텐츠를 만들면서 어떤 사람을 타깃으로 해야 할지, 어떤 콘텐츠를 어떻게 만들어야 할지에 대해 고민을 할 때가 있습니다. 저도 마찬가지였습니다. 그때 저는 제 머리로 모든 것을 떠올리려고 하지 않았습니다. 대신 저보다 뛰어난 콘텐츠 거인들의 어깨에 올라섰습니다. 덕분에 제가 혼자서 고민한다면 쉽지 않았을 콘텐츠를 조금은 쉽게 만들 수 있었습니다.

이미 온라인에는 브랜딩이 잘 되어있는 계정이 많습니다. 인스타그램에서 검색하면, 내가 공유하고 싶은 주제와 비슷한 주제를 다루는 계정이 반드시 있습니다. 바로 이러한 계정과 콘텐츠를 분석하는 게 큰 도움이 됩니다. 어떤 사람을 타깃으로 하는지, 어떤 형식의 콘텐츠를 만드는지, 어떤 구조의 콘텐츠가 반응이 터졌는지, 어떤 요소가 사람들의 반응을 이끌었는지를 하나하나 구체적으로 확인하시기 바랍니다. 지금 시장에서 어떤 게 제일 잘 팔리고 있는지 그리고 잘 팔리는 이유가 뭔지를 알아보는 겁니다. 적어도 잘 되는 계정 3개와 반응이 터진 콘텐츠 3개를 찾아서 분석하는 것을 추천합니다. 저 또한 20대 책 추천 모음 카드 뉴스의 섬네일과 제목 카피를 정하고 책 추천 구조를 짤 때 최근 좋은 반응을 얻은 계정의 콘텐츠를 참고하여 좋은 성과를 낼 수 있었습니다.

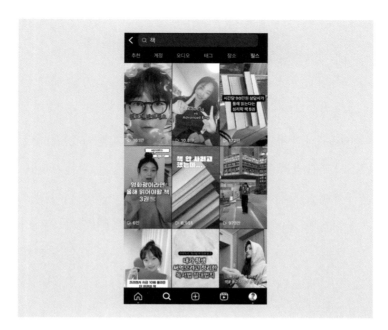

터지는 콘텐츠 아이디어 찾기

콘텐츠 아이디어를 끊임없이 찾는 방법

콘텐츠 아이디어가 부족해 고민이라면 인스타그램 돋보기에 자신이 만들고자 하는 주제의 키워드를 검색해 보는 것부터 시작해야 합니다. 저는 '책', '독서', '자기 계발' 등의 키워드를 검색해서 [추천탭]과 [릴스탭]을 통해 반응이 좋았던 콘텐츠를 확인하고 있습니다. 이때 'book', 'reading'처럼 영어 키워드로도 검색하여 해외 콘텐츠까지 참고한다면, 아직 국내에는 보급이 안 된 떡상 콘텐츠 아이디어를 얻을 수 있습니다. 특히 인스타그램 알고리즘이 계속해서 릴스를 밀어주는 만큼 [릴스탭]에서 조회 수가 높은 콘텐츠들을 계속해서 보고, 내가 해볼 만한 아이디어와 구조를 메모해보시길 강력히 추천해 드립니다. 이런 방법을 사용하면 콘텐츠 고민을 절반 이상 줄일 수 있습니다.

참고로 벤치마킹할만한 글이나 릴스를 저장해두면, [설정 및 활동] 메뉴의 [저장됨]에서 한 번에 확인할 수 있어서 다시 찾을 필요 없이 하나씩 구조를 분석하며 효율적으로 벤치마킹을 진행할 때 큰 도움이 됩니다.

이렇게 지금 잘 나가는 계정의 콘텐츠 구성 방식과 이유가 무엇인지를 확인한 다음에는, 이것을 참고해서 내가 도움을 주고 싶은 사람들에게 어떻게 나의 콘텐츠로 가치를 제공할지 고민해야 합니다. 바로 이때 내가 전하고 싶은 정보와 스토리, 경험 등을 거인들의 표현 방식을 참고하여 만드는 겁니다. 그렇게 하면 훨씬 쉽게 콘텐츠를 제작할 수 있고, 좋은 반응을 받을 확률이 높습니다. 한 번에 되지 않더라도 인내심을 가지고 시행착오를 겪어가면서 벤치마킹을 통해 콘텐츠를 다듬으면, 자신도 깜짝 놀랄 인기 콘텐츠가 나오는 순간을 경험하게 됩니다.

학선배의 벤치마킹 저장 팁

저 또한 이런 벤치마킹 과정을 거쳐 만든 콘텐츠가 좋은 반응을 끌어낸 경험이 있습니다. 예를 들어, 글쓰기의 효과를 담은 짧은 릴스 콘텐츠 역시 당시에 자기 계발 릴스 분야에서 유행하는 방식을 빌렸습니다. 릴스 길이를 짧게 하고 본문 캡션에 글로 설명하는 방식입니다. 이렇게 하면, 본문 캡션의 글을 읽는 동안 릴스가 반복해서 재생되기 때문에 더 오랜 시간 시청한 것으로 판단되어 알고리즘에 좋은 영향을 준다는 점을 바로 적용한 것입니다. 벤치마킹한 릴스를 참고하여 캡션 글이 잘 읽히도록 깔끔하게 구성하기도 했습니다.

인스타그램뿐 아니라 유튜브, 블로그 등 모든 온라인 플랫폼은 자신의 플랫폼에 사람들이 최대한 오랜 시간 체류하는 것을 좋아합니다. 그래서 사람들이 오래 보는 콘텐츠를 높게 평가하고 이런 콘텐츠를 더 많은 사람이 보도록 알고리즘에 반영합니다. 우리가 인스타그램에 콘텐츠를 포스팅할 때 '좋아요', '댓글', '공유', '저장'과 같은 반응을 유도하는 것도 이런 이유 때문입니다.

그러나 사람들이 오래 보는 콘텐츠를 만들기 위해 가장 중요한 것은 글쓰기 실력입니다. 릴스도 결국 글로 구성을 기획하고 대본을 만들기 때문입니다. 릴스 첫 3초, 캡션 첫 문장에 시선을 끌면서 해당 내용을 적절히 설명해주는 제목을 짓는 것, 초등학생도 이해할 수 있도록 쉽게 풀어서 설명하는 것, 글이 서론-본론-결론의 논리적인 구조를 갖추는 것 등을 정확히 인지하여 양질의 콘텐츠를 발행해보시길 바랍니다. 물론 흥미로우면서 정돈된 글을 쓰는 일은 쉬운 일이 아닙니다. 그러나 단순히 쉽게 가려고 하기보다는 기본에 충실히 하려

학선배

	내용	글쓰기 해야 하는 이유
기획	업데이트	22.07.08
	주제	글쓰기
	팔로워 증가	1,000
	시간	7초
	view	250,000
화면	영상을 끝까지 봤을 때 이익을 예상하게 만들기	오늘부터 매일 30분 글쓰기 해야 하는 4가지 이유
	캡션 확인 유도	아래 캡션을 확인해주세요
캔션	첫 문장 후킹	진짜 딱 매일 30분만 글쓰기 시작하면 달라집니다
	흥미 유발	하버드를 졸업한 40대 1,600명은 '현재 일에서 가장 중요한 것이 무엇인가'의 질문에 '글쓰기'라고 답했다
	몰입 유도	무엇이 그렇게 도움이 되길래 글쓰기를 강조하는 걸까?
	첫번째 이유 제시	1. 글쓰기는 나의 뇌를 더 똑똑하게 만들어준다 (보충설명)
	두번째 이유 제시	2. 무슨 일을 하든지 글쓰기는 나만의 무기가 된다 (보충설명)
	세번째 이유 제시	3. 나와 대화함으로써 나에 대해 잘 알게 되고, 행복한 인생을 더 빠르게 만들어갈 확률이 높아진다.
	네번째 이유 제시	글은 쌓이면 알아서 퍼스널브랜딩이 되어 기회를 만들어낸다.(보충설명)
	행동 유도 & 정보 제공	그렇다면 어디에 글을 쓰면 좋을까? (보충설명)

조회 수와 저장 수가 6,800을 기록한 릴스 영상 기획서

학선배의 조회 수 25만 릴스

고 노력하는 정직함, 거기에서 나오는 진정성이 인스타그램 계정 성장의 큰 동력임을 잊지 말기 바랍니다. 글쓰기 관련 책과 영상도 참고하여 연습을 통해 어떤 상황에서든 강력한 무기가 되어줄 글쓰기를 익히시기 바랍니다.

학선배

영감을 잡아두는 '메모'

계정이 성장하면서 콘텐츠를 지속해서 만드는 방법이 무엇인지를 묻는 분들이 많습니다. 결론부터 이야기하면, 저는 창작이 아니라 기록을 기반으로 한 콘텐츠를 만들기 시작하면서 콘텐츠를 지속해서 만드는 고민을 많이 줄일 수 있었습니다.

'영감을 잡아두기 위해 기록함으로써 차근차근 영감 자체에 대한 민감도를 키운다'라고 할 수 있습니다. 저의 경우, 벤치마킹을 통해 '저 사람의 저런 방식, 아이디어를 나는 어떻게 사용할 수 있을까'라는 질문을 머릿속에 넣어두고 생각하며 할 일을 하곤 합니다. 머릿속에 해결해야 할 질문을 넣어두

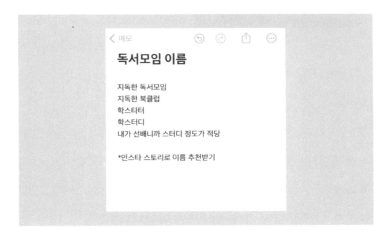

학선배의 기록장

고 고민하면 뇌는 계속해서 일합니다. 우리 뇌는 민감한 안테나를 펼친 채 그 질문을 해결하기 위한 것들이 눈에 들어오게 만들고 귀에 들리게 합니다. 그리고 책을 읽다가, 영상을 보다가, 오디오를 듣다가, 혹은 길을 걷다가 문득 괜찮은 생각이 나면 핸드폰에 있는 메모장에 적어둡니다. 이 습관을 들이면서 필요한 아이디어를 기록해두기 시작했습니다. 그러면서 마음에 드는 소재를 찾곤 했습니다.

메모를 콘텐츠로 발전시킬 때는, 떠오른 생각과 그것을 어떤 구성의 글로 표현할지에 대해 구상하는 시간을 갖습니다. 이 때 저는 '지금 이게 사람들이 정말 원하는 이야기일까, 단지 내 자랑만 하는 콘텐츠는 아닐까?' 하고 스스로 질문을 던집니다. 이렇게 자신에게 잠시 시간을 주는 브레이크 덕분에 지금까지 학선배만의 스타일로 단단한 콘텐츠를 만들 수 있었습니다.

사람들의 마음을 움직이는 영웅스토리

우리는 시련을 이겨내고 성장하는 영웅의 스토리를 좋아합니다. 사랑받는 영화, 드라마, 소설의 전개 방식을 떠올려보면, 대부분 주인공의 시련과 성장을 다룬다는 걸 알 수 있습니다. 우리는 그 주인공의 시련과 성장 과정에 감정을 이입하고 자신의 모습을 투영합니다. 우리나라 축구 대표팀의 경기를 볼 때 느끼는 감정도 이와 비슷합니다. 우리는 축구선수들이 열심히 노력하며 승리를 만들어가는 모습에 열광합니다.

제가 선택한 방법은, 위와 같이 검증된 시나리오를 나라는 개인의 스토리로 가져오는 겁니다. 평범한 일상을 살던 내가, 어떠한 사건 혹은 계기를 통해 변화의 필요성을 느끼고, 그것을 행동에 옮기면서 점차 시련을 통해 성장해가는 시나리오를 그리는 겁니다. 저 역시 남들과 크게 다르지 않은 평범한 대학생이었지만, 군대라는 환경의 변화를 계기로 성장해야겠다고 마음먹고, 군대에서 차근차근 책을 읽고 글을 쓰며 성장한 것뿐입니다. 그리고 인스타그램에 그 과정을 콘텐츠로 공유했더니 많은 분이 지지와 격려를 해주셨습니다.

04

20대의 인스타그램,
돈보다는 기회와 가능성 찾기

유튜브나 인스타그램에서 '20대에 할 수 있는 한 경험을 많이 하세요', '대체 불가능한 존재가 되도록 실력을 키우세요' 하는 식의 콘텐츠를 참 많이 봤습니다. 그런 말을 하는 분들의 경험과 역량은 멋져 보였고, 저도 그렇게 되고 싶었습니다. 그래서 제 나름대로 학선배라는 계정을 성장시키고자 했습니다. 그 결과 아직 경제적 의미는 크지 않지만, 대학을 졸업하고 제가 꿈꾸는 일을 하기 위한 발판을 마련하고 있습니다.

준비를 통해 기회 잡기

학선배라는 계정을 키우고 싶어 운영 초반부터 브랜딩, 마케팅, 콘텐츠 관련 책과 영상, 글을 보며 필요한 내용을 실제로 적용했습니다. 그 과정이 게임 캐릭터를 키우는 것 같아 나름 재밌었고, 실력을 키우는 좋은 경험이었다고 생각합니다. 1년간 글로써 저의 배움과 성장 과정을 공유하면서, 인스타그램을 통해 제 스토리를 만들어 왔습니다. 그리고 이런 노력이 빛을 발해 콘텐츠에서 성과를 내게 되니 새로운 기회가 찾아오기 시작했습니다. 책 협찬을 받고, 이 책을 쓰게 된 것 뿐만 아니라, 전역하면서 예술 분야 창업팀에 마케터로 들어가는 데에도 인스타그램이 포트폴리오로 작용했습니다. 인스타그램을 통해 몇 번 뵈었던 투자 스타트업 멤버 분께서 함께 일해보지 않겠냐고 인턴 제안을 주시기도 했습니다. SNS 시대에 자신의 관심 분야를 가지고 계정을 운영해본 경험은 어디에서나 크게 인정받는다는 것을 경험했습니다. 성실함, 적극성, 콘텐츠 제작 능력 등 여러 가지를 어필할 수 있었습니다.

관심 분야인 마케팅 실전 경험하기

마케팅에 관심이 있는 저에게 학선배는 마케팅을 실전에서 경험해 보는 소중한 통로였습니다. 큰 비용을 들이지 않고 제 노력과 열정을 투자하여 많은 사람을 대상으로 마케팅을 시도하고 경험했습니다. 콘텐츠를 만들면서 독자나 고객 관점에서 고민하는 방법도 익혔습니다. 또 타깃 고객이 궁금하게 여길만한 차별화된 콘텐츠를 기획하는 것부터, 그들이 호기심을 느끼면서도 너무 진부하거나 자극적이지 않은 섬네일 카피를 만들거나 쉽고 흥미롭게 읽힐 수 있는 콘텐츠 구조를 만들면서 마케팅에 대한 구체적이고 실무적인 경험을 쌓았습니다. 그뿐만 아니라 직접 고객의 반응을 끌어내기 위한 다양한 방법을 시도해보기도 했습니다. 독서법에 관한 전자책을 만들어 배포하기도 했고, 독서 모임 모집 글을 상세페이지로 작성하면서, 고객의 관심을 어떻게 사로잡을지 고민을 하기도 했습니다. 유료 독서 모임을 모집해서 직접 운영하기도 했습니다. 한 마디로 저는 학선배 인스타그램 계정을 통해서 학교에서 배울 수 없는 살아있는 마케팅을 공부하게 되었습니다. 이런 경험은 졸업 후 실력 있는 마케터로 성장하는 데 소중한 밑거름이 되리라 생각합니다.

여러분도 가고자 하는 진로나 꿈이 있다면 SNS나 인스타그램을 통해 자신의 지식과 이야기를 콘텐츠로 공유해보시기 바랍니다. 관심 분야에 관한 공부 내용을 정리해서 올리거나 그와 연관된 나의 일상 경험을 포트폴리오로 꾸준히 기록해두면 좋을 것입니다. 이렇게 해서 만든 나만의 포트폴리오는 SNS 시대의 강력한 도구가 되어줄 것입니다.

학선배

사회적 자본 얻기

제가 인스타그램을 하면서 얻은 가장 소중한 자산은 자신의 삶에 열정이 있는 분들과 맺은 관계입니다. 현실에서는 쉽게 만날 수 없는 사업가나 전문가분들과 관계를 맺을 수 있다는 점이 온라인 세상의 강점입니다. 사실 상대방에게 줄 것이 있어야 상대방으로부터 원하는 것을 얻어낼 수 있지만, 20대의 대부분은 상대방에게 줄 것이 크게 없기 마련입니다. 따라서 그러한 것에 집중하기보다는, 예의를 차리고 진심으로 상대방에게 배우고 싶다는 마음을 전하며 다가간다면 대부분 그에 반응해주실 것입니다. 작은 용기가 큰 도움과 자극으로 돌아올 겁니다. 저는 제가 가고자 하는 방향에서 앞서가고 있는 분들이 멘토로서 저를 지지하고 응원해주신 것에 힘을 받았습니다. 이외에도 인스타그램으로 소통하며 성장을 위해 함께 노력하는 동료도 생겼습니다. 서로 다른 환경을 경험하며 딱히 접점이 없는 분들을 온라인뿐 아니라 오프라인에서 만나면서 긍정적인 자극을 주고받고 있습니다.

지속하는 힘 키우기

　우리가 잘 알고 있듯이 지속성과 끈기는 실력을 갖추는 데 있어 필수적인 요소이지만, 그것을 행동에 옮기기는 결코 쉽지 않습니다. 저 또한 마찬가지였습니다. 하지만 인스타그램 계정을 운영하면서 지속성과 끈기라는 근육을 단련할 수 있었습니다. 일과가 끝나고 온전히 집중할 수 있는 저녁 즈음에 콘텐츠를 제작하는 루틴을 만든 덕분이었습니다.

　인스타그램에서 꾸준히 콘텐츠를 만드는 것이 쉽지는 않았습니다. 특히 인스타그램은 단 몇 시간에 콘텐츠의 성과가 숫자로 바로 눈에 보이기 때문에 순간순간 감정의 업다운이 심했습니다. 이번에 포스팅한 콘텐츠의 반응이 좋으면 마구 고무되었다가, 다음에 포스팅한 콘텐츠의 반응이 기대에 미치지 못하면 바로 실망했습니다. 처음에는 이런 감정에 익숙해지기가 쉽지 않았습니다. 하지만 매일매일 감정의 흔들림을 경험하면서 반응에 대한 기대를 내려놓고 콘텐츠를 통한 가치 전달에 집중하기 시작하면서 조금씩 감정 기복을 조절할 수 있었습니다. 이런 과정을 통해 저 스스로 무언가를 지속할 수 있다는 자신감을 느끼게 된 것이 소중한 자산이라 느낍니다.

　저는 이러한 것이 20대가 인스타그램을 운영하는 이점이라고 느낍니다. 여러분들도 제 경험을 참고하여 자신만의 퍼스널브랜딩의 목표와 의미를 정립해 보시길 추천해 드립니다. 나에 대해 고민해 보고 스스로 질문을 던져보는 시간이 미래의 방향 설정에 있어 큰 도움이 될 것입니다. 누구도 우리에게 답을 내려주지는 않습니다. 우리는 스스로 답을 찾아가야 합니다. 그 과정이 절대 쉽지 않겠지만, 우리는 할 수 있습니다. 지금 시간을 내어 이 책을 읽는 분들이라면 반드시 해낼 겁니다.

마지막 당부

새로움에 도전하는
용기를 응원합니다

길지 않은 분량을 통해 제가 이루어낸 무언가를 자랑하거나, 이것이 인스타그램의 법칙이라며 설명할 생각은 없습니다. 그저 제가 어떤 생각과 배움을 거쳐 인스타그램을 시작하고 성장시켰는지를, 23살이 품은 이야기를 가감 없이 들려드리고 싶었습니다. 더 나아가 인스타그램 계정을 키우는 걸 넘어서, 현실의 저에게도 어떠한 긍정적인 영향을 주었는지도 적어봤습니다. 특히 제 이야기가 10대와 20대분들에게 조금이나마 도움이 되었으면 좋겠습니다. 제 이야기가 누군가에게 용기와 자극이 된다면 그것만으로도 제 역할을 다했다고 느낍니다.

지하철에서 책 읽는 여러분과 함께하겠습니다.

학선배

당신의 인스타를 응원합니다.

원하는 모습으로, 원하는 곳에서, 원하는 일을 하길 바랍니다.

당신의 인스타는 안녕한가요

초판 1쇄 발행 2024년 5월 3일

지은이 앤디파파(정진호) 엘플랑(남양화) 백곰삼촌(김성수) 하얀쿡(정하얀) 학선배(김학배)

발행인 강재영

발행처 애플씨드

출판사 등록일 2021년 8월 31일 (제2022-000065호)

기획 정진호 | **편집** 이승욱 | **본문 디자인** 황지희 | **표지 디자인** 육일구 디자인 | **마케팅** 이인철 | **CTP출력 인쇄 제본** (주)성신미디어

ISBN 979-11-986136-2-2 (13320)

이메일 appleseedbook@naver.com | **블로그** https://blog.naver.com/appleseed__

페이스북 https://www.facebook.com/AppleSeedBook | **인스타그램** https://www.instagram.com/appleseed_book/

애플씨드에서는 '한 걸음을 내딛는 용기'를 북돋는
소중한 원고를 기다립니다.
appleseedbook@naver.com